# 会計学を索ねて

## 基礎概念と存在理由

TOMOOKA Susumu
友岡 賛

慶應義塾大学出版会

# 緒　言

筆者の指導教授だった會田義雄は慶應義塾を退職するにあたって『随想 三田山上三十五年一日』（1989年刊）を上梓しているが、この書は『会計学を索ねて』という副題をもって有しており、また、會田は慶應義塾における退任記念講演（最終講義）の演題にも「会計学を索ねて」をもって用いている[1]が、これらは彼の師だった三邊金蔵[2]の『会計学を索ねて』（1954年年刊）[3]に倣っている[4]。

會田いわく、「三邊先生には『会計学を索ねて』というユニークな著書があって、ただし、「たずねて」は「訪問」の「訪」じゃなくて「索引」の「索」の字で云々」。

けだし、「ユニークな著書」という言い様は、内容のユニークさではなく、専ら「索」の字のことのようだった。

ちなみに、筆者の愛用の『漢字用法辞典』の「たずねる」[5]の項には「温」、「訊」、「尋」、「訪」があって、「索」の字はないが、それはさて措き、いずれにしても、本書は如上の事訳（？）をもって『会計学を索ねて』と題されることとなった。

2022年5月1日、三田の自宅にて

友岡 賛

---

1　會田義雄『随想 三田山上三十五年一日——会計学を索ねて』1989年、3～36頁。
2　ただし、會田の指導教授は小高泰雄。
3　三邊の『会計学を索ねて』は本書の第10章が俎上に載せている。
4　三邊および會田について本書の第11章を参照。
5　武部良明『漢字用法辞典』1995年、254頁。

# 謝　辞

慶應義塾大学出版会の木内鉄也氏には洵にお世話になりました。
木内さんを編集者として出す本はこれが6冊めですが、毎々のことながら、木内さんに任せておけば安心、ということです。

# 引用について

原文における（　）書きや太文字表記や圏点やルビの類いは、原則として、これを省略した。したがって、引用文におけるこの類いのものは、特に断りがない限り、筆者（友岡）による。

また、引用に際して、旧字体は、原則として、これを新字体に改め、促音や拗音の類いが小文字表記されていない場合は小文字表記に改め、漢数字は多くの場合、算用数字に改めるなどの加筆を施している。

# 目　次

# 第 1 部　会計学を索ねて

# 第1章　会計と会計学

「経済と経済学を混同する人はいないが、会計と会計学を混同する人は意外に多い」ともされ、あるいは「会計と会計学の識別には……困難が認められる。前者は学問の対象、後者は学問それ自体とみれば、なんでもないことのようにみえるが、実際はそうでない」ともされる。

こうした混同をもたらす会計ないし会計学の特殊性について考える。

## 「会計学」か「会計」か

われわれが教えているのは会計学か、それとも会計なのか。

講義の科目名は「会計学」が当たり前と思っていたが、或る時、たまたま某大学における科目名が「会計」であることを知り、如上の問い掛けをすることとなった。

教えているのは、会計学という学問の何たるか、か、それとも、会計という行為の何たるか、なのか。「会計」という科目名の存在を知った際には、確かに、会計学を教えるのではなく、会計を教えるのか、とも思ったが、しかし、省みるに、筆者自身は長年、会計学をもって教えている。

ちなみに、該某大学の科目名は「ミクロ経済学」、「マクロ経済学」、「計量経済学」、「会計」「経営」、「統計」などとなっている[1]が、「学」の有無の理由は定かでない。

**会計と会計学**[2]　「経済と経済学を混同する人はいないが、会計と会計学を混同する人は意外に多い」[3]ともされる。しかしながら、一般の人ならいざ知らず、会計学者に「「会計と会計学はどう違うのか」といった疑問が生じてくる」[4]などといわれると、やはり戸惑いをもって禁じえない。

例えば青柳文司は次のように述べている。

「英米では、accountingという言葉が〝会計〟と〝会計学〟の両義に使われる。ほかに、accountancyという言葉も〝会

1　東京大学のウェブサイト。

2　この両者の区別、異同等については既に下記のものにおいて論じられているが、しかし、ここに改めて論じられる。

友岡賛『会計と会計学のレーゾン・デートル』2018年、9～14頁。

友岡賛『会計学の考え方』2018年、11～12頁。

3　青柳文司『会計学の原理（新版）』1979年、118頁。

4　渡邉泉『世界をめぐる会計歴史紀行——新たな地平を求めて』2021年、9頁。

計職業〟と〝会計学〟の両義に通ずる。statisticsという言葉が〝統計〟と〝統計学〟の両義を含む事情と同じで、いずれも学とその対象の実践的性格による用語法の無差別である」[5]。

「accounting」の語はこれが会計と会計学の両者を意味する[6]一方、例えば経済と経済学については「economy」と「economics」の語があることに鑑みれば、会計と会計学には「学とその対象の実践的性格」がある一方、経済と経済学にはそれがないということになろうが、しかし、いずれにしても、そうした性格はこれが「用語法の無差別」をもたらすというのはどういうことか。すなわち、「学とその対象の実践的性格による云々」の件《くだり》はいま一つ意味が分からないが、いずれにしても、「会計と会計学の識別には……困難が認められる。前者は学問の対象、後者は学問それ自体とみれば、なんでもないことのようにみえるが、実際はそうでない」[7]とされ、その事訳は「対象の二段性、方法の二重性」[8]にあるとされ、まずは「対象の二段性」について次のように説明される。

---

5　青柳文司「会計学の本質」黒澤清（責任編集）『近代会計学大系［第1巻］　会計学の基礎概念』1968年、90頁。

6　ただし、のちに青柳は「accounting」を会計とし、「accountancy」を会計学とする捉え方を示している（友岡『会計と会計学のレーゾン・デートル』10～11頁）。

7　青柳「会計学の本質」91頁。

8　同上、95頁。

「経済学の対象が経済であり、社会学の対象が社会であるように、会計学の対象はいうまでもなく会計である。ところが、対象である会計がまた対象をもつ。ひとくちにいって、それは個別資本の運動過程である」[9]。

「個別資本の運動過程は会計学の対象ではなく……会計の対象――会計学の対象の対象――である。この対象の二段性が会計と会計学の識別を混乱させ、会計学の本質を見誤らしめる」[10]。

「学問の対象を認識するには会計学に関する限り、その対象である会計の対象をも認識することが先立要件となる。そのため、会計の対象はいつしか会計学の対象へと転化して、会計学の本来の対象はぼやけてくる」[11]。

さらには「会計と会計学の識別を欠くことは、会計の方法と会計学の方法との混同につながる」[12]とされ、「会計と会計学の交錯は対象の二段性、ひいては、方法の二重性より生ずる」[13]とされ、以上のことは次のようにまとめられている。

「会計学の対象は会計であり、会計の対象は個別資本の運動過程である。後者の対象をとらえる方法が会計に特有の記録、

9 同上、92頁。
10 同上、92頁。
11 同上、92頁。
12 同上、93頁。
13 同上、93頁。

計算、報告の方法である。したがって、会計学の対象は方法的性格の対象といえる。そして、このような性格の対象をとらえる会計学の方法は、おのずから会計の方法とは別個の次元になる。対象の二段性、方法の二重性、この二元的関連を解きほぐして、会計の対象と会計の方法、会計学の対象と会計学の方法を見分ける態度が肝要である」[14]。

青柳のいう「対象の二段性」は確かに会計学の特殊性であって、斯学はその「対象である会計がまた対象をもつ」一方、例えば経済学の対象は経済であって、経済には対象がないということだろうが、ただし、これは「対象」という概念の解し方如何にもよるだろう。ここに青柳は会計行為をもって「記録、計算、報告」とし、これらには「個別資本の運動過程」という対象があるとしており、また、会計はあるいは表現行為[15]とされ、あるいは言語行為[16]とされ、あるいは説明行為とされ、これらはいずれも対象を有し、ここに青柳は「対象の二段性」に着目するに至っているが、例えば表現行為としての会計は、下記のように、そのこと自体、すなわち表現行為であるということ自体が特殊ともいえよう。

---

14　同上、95頁。

15　青柳は別稿においては会計をもって表現行為としている。いわく、「会計は、企業その他の生活体の経済活動を表現する行為ないし過程である」（青柳文司「会計学の中心概念」山桝忠恕（責任編集）『体系近代会計学［第1巻］　会計学基礎理論』1980年、121頁）。

16　ちなみに、青柳は会計を言語とみる会計言語論の先駆者とされる（友岡賛『会計学の行く末』2021年、136頁）。

「たとえば経済学とか経営学とかいった学問のばあい、それらの対象は経済活動ないし経営活動といった、いわば世のなかの動きそのものだが、会計学のばあいの対象は、企業の経営活動を表現してひとに伝える行為、であって、企業の経営活動という世のなかの動きそのものではない」[17]。

青柳のいう「個別資本の運動過程」がここでは「企業の経営活動」とされ[18]、如上の指摘を受けて「会計は単なるカネ勘定であってカネもうけ（経営活動）ではない」[19]といった議論が展開されることとなる[20]が、それはさて措き、会計と会計学に関する青柳の論に戻れば、「個別資本の運動過程は会計学の対象ではなく……会計の対象——会計学の対象の対象——である」が、ただし、「会計学に関する限り、その対象である会計の対象をも認識することが先立要件となる」という指摘には首肯しうるところがある。例えばリースの会計を論ずるためにはリースについて知らなければならず、デリバティブの会計を論ずるためにはデリバティブについて知らなければならず、M&Aの会計を論ずるためには

17　友岡賛『会計の時代だ——会計と会計士との歴史』2006年、203頁。

18　ちなみに、かつて筆者は会計の対象を「企業の経営活動」としていたが、近頃は「経済主体（主として企業）における経済事象・経済状態」（友岡賛『会計学原理』2012年、48頁）としている（同上、24～25頁）。

19　友岡『会計の時代だ』204頁（圏点および（　）書きは原文）。

20　友岡『会計学の考え方』49～50頁。

M&Aについて知らなければならず、したがって、リースとは何か、デリバティブとは何か、M&Aとは何か、といった論はこれが概して会計学の範疇において行われることとなるが、しかしながら、そうした論は果たして「会計学の地平の内にあるのだろうか」[21]。

### 会計学と経済学[22]

青柳によれば、「会計の対象は個別資本の運動過程という経済現象であるので、会計学は経済学の一分科という学論も自然に芽生え……広い意味では、会計学は経済学の一分科とよんでよい」[23]とされ、こうした捉え方は例えば「会計方法は資本の価値増殖過程G-W-G′を記録計算報告の対象とするかぎき《ママ》り、経済学の理論にもとづいて客観的に展開さるべきものである。……かくて会計学は広義の経済学に帰属する一方法論である」[24,25]とする向きにもみられる[26]が、青

21　友岡賛『会計学の地平』2019年、20頁。

22　この両者の関係等については既に下記のものにおいて論じられているが、しかし、ここに改めて論じられる。

　友岡『会計学の考え方』第2章。

23　青柳「会計学の本質」92頁。

24　岡本愛次「会計方法論序説」『會計』第85巻第3号、1964年、62頁。

25　なお、ここにおける「方法論」は会計という行為の方法を論ずる学問といった意味である（同上、53～56頁）。

26　この向きの捉え方について下記のものを参照。

　内川菊義『会計学方法論』1989年、24頁。

柳によればまた、「しかし対象の錯視から、もしも、会計学の対象が個別資本の運動過程であると見誤るならば、経済学の対象と異なるところはないので、広い意味でも、狭い意味でもなく、会計学は経済学そのものとなる」[27]ともされている。しかし、そうした混同は果たしてこれが起こりうるものなのか。会計と会計学の峻別は「なんでもないこと」ではないのか。確かに、叙上のように、例えば、リースとは何か、といった論はこれが概して会計学の範疇において行われるが、しかし、リースは、会計の対象ではあっても、会計学の対象ではなく、会計学の対象はリースの会計処理方法であり、したがって、先に引かれたように、青柳によれば、「方法的性格の対象」ともされている。いずれにしても、如上の混同は或る意味において頗る単純なものであって、筆者とすれば、そうは起こりそうにないとも思われるが、しかし、例えば「会計学の第一義的な役割は、利害関係者への情報提供機能にある」[28]とか、「会計学の役割は、利害関係者に有用な情報を提供することにある」[29]とか、「会計学は、経済事象を認識し、測定し、伝達するプロセスであり云々」[30]などといった記述[31]を目にすると、強ちそうでもないのかもしれないと思い返す。

さらに青柳によれば、「経済学の対象は個別資本の運動過程を中心とする経済現象である。……そして対象を認識する方法とし

27　青柳「会計学の本質」92頁。

28　渡邉泉「SDGsと資本主義下における会計学」『會計』第200巻第3号、2021年、81頁。

29　渡邉『世界をめぐる会計歴史紀行』224頁。

30　同上、215頁。

て、もしも会計の方法が有効であるならば、当然、それを活用する」[32]ともされ、こうした点については例えば「経済学の背後に会計あり」[33]とし、あるいは「そもそも会計的思考を根底に持っている経済学云々」[34]などとするより積極的な向きもあり、他方また、「会計行為は、経済活動の中枢をなすものであり、会計学は、経済学の単なる従属変数ではない」[35]とし、その事訳を「経済活動の実質的な根幹の利潤計算を担っているのが会計学」[36]だから、と説く向きもあり、この向きは「経済学……の根幹を形成している会計学云々」[37]とまで述べているが、しかし、「経済活動」と「会計行為」と経済学と会計学の位置付け方に振れはない

---

31　もっとも次のような断り書きはある。「われわれが会計と呼ぶとき、ごく一般的な解釈では、会計と会計学、あるいは会計と簿記、ないしは簿記と複式簿記あるいは単式簿記との区別はそれほど厳密になされているわけではない。学問的には、これらの概念の明確な区分けは、極めて重要になるが、ここでは、会計を広い意味で簿記や複式簿記、あるいは会計学も含めた用語として用いることにして云々」（同上、12頁）。

しかしながら、それにしても余りにも、といった感はもたざるをえず、しかも［会計 ⊃ 会計学］ということであれば、「会計学」ではなく、「会計」の語こそが多用（濫用）されるべきだろう。

32　青柳「会計学の本質」93頁。

33　福井義高『たかが会計――資本コスト、コーポレートガバナンスの新常識』2021年、2頁。

34　同上、3頁。

35　渡邉「SDGsと資本主義下における会計学」81頁。

36　同上、81頁。

37　渡邉『世界をめぐる会計歴史紀行』212頁。

のか。

それにしても、どうして会計学（会計学者）は経済学を意識するのだろうか[38]。

「経済学の単なる従属変数ではない」などと殊更に声高に述べるのは意識しているからこそのことだろうし、複式簿記をもってする利益計算の成立についてわざわざ「経済学の確立として位置づけられるアダム・スミスの『国富論』が出版されるよりも遥か400年以上も前のことである」[39]などと附言しているのは「会計学の経済学に対するコンプレックス」[40]によるものだろうし、また、「「社会科学の女王」経済学」[41]、あるいは「経済学という「格上」の学問」[42]などといった揶揄めいた表記（鉤括弧付き）はこれも大いなる意識の現れに相違ないが、他方、「会計学の研究においていかなる経済学をその基礎におくかが社会科学としての会計研究にとって重要」[43]と明言する向きもあり、ちなみに、この向きは「筆者はこと会計学に関して「学者」などという言葉はおこがましいので、自分が会計学者とはとても言えない」[44]など

38　友岡『会計学の考え方』第2章。
39　渡邉『世界をめぐる会計歴史紀行』6頁。
40　友岡『会計学の考え方』67頁。
41　福井『たかが会計』3頁。
42　同上、3頁。
43　石川純治『基礎学問としての会計学——構造・歴史・方法』2018年、45頁。
44　石川純治『変わる社会、変わる会計——激動の時代をよむ』2006年、91頁。

とも述べている。

翻って、経済学（経済学者）は会計学のことなど歯牙にも掛けないかとも思ったが、或る経済学者によれば、経済学は「会計学などとは違って、直接に事業の売上げや世帯の財産を増やす手段たることを目指す学問ではない」[45]とされ、さらには「経済学上の諸知識はこれらの目的（「売上げ云々」）にも役に立つが……経済学は本来「社会」科学なのであって云々」[46]とされており、どうやら同じ「「社会」科学」の仲間ではないらしい[47]。

### 会計の方法と会計学の方法

青柳はまた、先述の対象の混同に加えて方法の混同にも言及する。すなわち、「会計学と経済学は方法が違うと主張する人たちは、実は、会計の方法を会計学の方法と思い違いしている」[48]とされているが、これについても、果たしてそうした混同は起こりうるものなのか、と考える。

会計の方法とは何か。

会計は行為であって、「記録、計算、報告」行為は対象を有し、あるいは表現行為は対象を有し、これが「対象の二段性」をもたらし、また、会計学の対象は「記録、計算、報告」の方法、あるいは表現の方法であって、したがって、「会計学の対象は方法的性格の対象」ともされる。他方、経済学の対象たる経済は「人間

---

45　福岡正夫『ゼミナール経済学入門（第4刷）』2008年、3頁。

46　同上、3頁。

47　友岡『会計学の考え方』47～49頁。

48　青柳「会計学の本質」93頁。

の生活に必要な物を生産・分配・消費する行為についての一切の、社会的関係」[49]とされ、すなわち経済は関係であって行為に非ず、したがって、対象をもつことがなく、したがって、「対象の二段性」はないということか。

会計学の方法とは何か。

会計学に固有の方法などといったものは果たしてあるのか。「会計学方法論」[50]を扱った書[51]に目を通してみても、あるいは「この問題は社会科学一般に共通することであろう云々」[52]とされ、あるいは「経済学その他の社会諸科学においてもおそらく同様であろう」[53]とされる。会計学の方法があり、経済学の方法があるのか。あるいはあるのは社会科学一般の方法ないし科学一般の方法なのか。青柳によれば、「会計学と経済学とは方法が相違するかといえば……相違は認められない」[54]とされ、「基本の考え方は人間思考の粋を集めた科学の方法と軌を一にする」[55]とされる一方、「すべての学問は独自の対象と方法とをもち、したがって独自の任務を有することによって成立する」[56]とする向きもあるが、「独自の対象」はさて措き、「独自の方法」はこれが「独自の任

49　西尾実、岩淵悦太郎、水谷静夫（編）『岩波国語辞典（第5版）』1994年、333頁。

50　冨塚嘉一『会計認識論——科学哲学からのアプローチ』1997年、「序」1頁。

51　同上。

52　同上、5頁。

53　同上、7頁。

54　青柳「会計学の本質」93頁。

55　同上、93頁。

務」を意味するものだろうか。

「会計学において〝対象〟と〝方法〟が対概念として論議された例はまれである。論議されても会計学の対象と方法が会計の対象と方法と交錯しがちである」[57]。

「対象をつかむには方法がなければならないし、方法を選ぶには対象を知らなければならない。両者は相互規定の関係にあるが、主導権は対象の側にある。対象の性質がつかめないうちは方法の選択もできないからである」[58]。

対象と方法についてこのように述べる青柳は「まれ」の例にC. ルーファス・ローレム（C. Rufus Rorem）の論攷「科学としての会計学（Accounting as a Science）」[59]を挙げ[60]、しかしながら、ローレムは「方法に主導権を認めたために、取引を記録、分類、総合する会計の方法と、取引を分類して相互関係をみつめる会計学の方法とが、重複し交錯する原因にもなっている」[61]として「ローレムのいう〝科学としての会計学〟は……技術論にほかならない」[62]と断じ、また、ノートン M. ベドフォード（Norton M.

---

56　岡本愛次「会計方法論における若干の問題点」『會計』第91巻第5号、1967年、56頁。

57　青柳『会計学の原理（新版）』30頁。

58　同上、30頁。

59　「科学としての会計学」は青柳訳。

60　青柳『会計学の原理（新版）』30、38頁。

61　同上、30〜31頁。

Bedford）の論攷「将来の会計理論の性格（The Nature of Future Accounting Theory）」[63]についても「ベドフォードが会計学を〝規範科学〟とよぶとき、それも技術論であり、会計の方法と会計学の方法が交錯している」[64]としており、確かに「交錯しがち」らしいが、ただし、「会計の方法はこれまで採用されてきた方法であり、会計学の方法はこれから採用されるべき方法である。その意味において、会計学は規範的性格をおびている」[65]という記述には戸惑いを覚える。ここにいう「会計学の方法」は「基本の方法として、科学に共通の仮説演繹法を採用し云々」[66]といった会計学の方法ではなく、会計学において示される会計の方法（採用されるべき会計の方法）ではないだろうか。

なお、会計学の方法について「会計学の対象である会計が言語的性質のものと予覚されるならば、当然、言語学の方法に類似した方法を会計学も採用することになる」[67]とする青柳[68]の「当然」にも違和感を覚えるが、しかし、会計言語論批判は他所[69]に譲る。

62　同上、31頁。
63　同上、38頁。
64　同上、31頁。
65　同上、31頁。
66　青柳「会計学の本質」95頁。
67　青柳『会計学の原理（新版）』31頁。
68　注記16をみよ。
69　友岡『会計学の行く末』第7章。

### 会計学の特殊性と会計

会計学の特殊性がときに会計と会計学の混同をもたらす、ということだった。

青柳によれば、会計学の特殊性はまずは、対象が対象をもつ、ということによっていたが、いま一つは対象の性格による特殊性だった。これを青柳は「方法的性格の対象」と述べているが、会計学は「方法を対象とする」[70]と言い切る向きもある。この向き、すなわち岡本愛次においては「企業会計は、資本の価値増殖過程における価値ならびに価値増殖の記録、計算、報告であり、それは一定の形式を伴うものである。……かかる「形式」なるものは企業の価値増殖過程における価値ならびに価値増殖の記録、計算、報告の形式であるから、それを究明することは、その記録、計算、報告方法をあきらかにすることに帰着する」[71]とされ、あるいは会計学の任務は「ある経済体制の下において、会計、正確には会計方法はいかにあり、またあるべきかに答えるものでなければならない」[72]とされ、ときに「方法論としての会計学」[73,74]といった言い様もなされ、「かくて方法を対象とする学問としての会計学は独自の領域をもつこととなる」[75]とされ、さらには「方法を対象とする学問は法則定立を目的とする学問と本質的に性格をことにする。前者は形式科学の領域に属するに対して後者は実質科

70　岡本「会計方法論序説」56 頁。
71　同上、56 頁。
72　岡本「会計方法論における若干の問題点」54 頁。
73　岡本「会計方法論序説」53 頁。
74　注記 25 をみよ。
75　岡本「会計方法論序説」56 頁。

学の領域に属する」[76]ともされているが、方法をもって対象とすることによる「独自の領域」とは何か。

「会計は技術か科学か（Is accounting an art or a science?）」。

ときに、あるいは屢々なされるこの問い掛けにあって会計学はどこに位置付けられるのか。青柳によれば、「技術は目的手段の関係、科学は因果関係を追求する」[77]とされ、「会計もまた技術（art）[78]とよばれる」[79]とされる。

また、簿記と会計の異同ないし関係についての議論も想起される。

「決算の前までが簿記、決算以降が会計」といった捉え方には首肯しえなくもないが、「簿記は技術、会計は理論」といった捉え方には違和感を覚える。「簿記は技術、会計は理論」の場合、会計学はどこに位置付けられるのか。会計という行為における理論《セオリー》と学《ディシプリン》として行われる会計学は別物か。しかるに、簿記という行為には理論はないのか[80]。

ちなみに、「企業が……獲得した利益がどれだけあるのか、ど

---

76　同上、56頁。

77　青柳『会計学の原理（新版）』65頁。

78　なお、「アート」については次のように説明される。「芸術はアート、会計もアートとよばれる。ともに語源はラテン語のArsに発し……技芸を意味して、芸術と技術の未分化の概念であった」（同上、76頁）。

79　同上、64頁（（　）書きは原文）。

80　下記のものを参照。
友岡賛『会計学の基本問題』2016年、第4章。

のようにして獲得したのかを明らかにするする技法《アート》が会計であ」[81]るとする一方、「複式簿記は……企業の総括的な損益を計算する技法《アート》である」[82]とし、「それに対して会計学は、複式簿記で求めた利益を株主に代表される利害関係者に提供する役割を担っている」[83]とする向きに至っては「会計学」の概念が意味不明といわざるをえず、これは「複式簿記が13世紀初めにイタリアで誕生し……やがてイギリスで質的な変容を遂げながら会計学へと進化し云々」[84]といった記述にも認められようか[85]。

会計の方法と会計学の方法の混同はいかにしてなされるのか。

『会計方法論』と題する書[86]があり、『会計学方法論』と題する書[87]がある。前者は会計の方法を論じ、後者は会計学の方法を論じているのか。『会計方法論』いわく、「会計は社会科学である」[88]。これは果たしてどういうことか。他方、『会計学方法論』においては「会計学の方法論については……各種のものがあるが、最近における会計学方法論の特徴は、会計理論、より具体的には、会計原則の形成に関するものである点にある」[89]とされる。

81　渡邉『世界をめぐる会計歴史紀行』2頁（ルビは原文）。
82　同上、9〜10頁（ルビは原文）。
83　同上、10頁。
84　同上、9頁。
85　注記31をみよ。
86　村上仁一郎『会計方法論』1983年。
87　若杉明『会計学方法論』1971年。
88　村上『会計方法論』「はしがき」1頁。
89　若杉『会計学方法論』3頁。

しかし、いずれにしても、『会計方法論』と『会計学方法論』はいずれも同様のものを取り上げている。いずれにおいても、「プラグマティック・アプローチ」[90]が取り上げられ、「コミュニケーション・アプローチ」[91]ないし「コミュニケイション・セオリー・アプローチ」[92]が取り上げられ、「倫理的アプローチ」[93]が取り上げられ、「行動科学的アプローチ」[94]が取り上げられている。『会計方法論』はどうして『会計学方法論』ではなく『会計方法論』なのか。「会計は……科学」だからなのか。

ちなみに、前出の岡本は、既述のように、会計学の対象を方法（会計の方法）と捉え、したがって、会計学を方法論（会計方法論）と捉え、かかる会計学の方法論、ひいて会計学独自の方法論をもって論じている[95]が、ただし、岡本はこれまで本節に引かれた2篇の論攷、すなわち「会計方法論序説」と「会計方法論における若干の問題点」をのちに『会計学の基本問題』[96]に収録するに際してそれぞれ「第1章　会計学方法論序説」[97]と「第2章　会

90　村上『会計方法論』14頁。
　　若杉『会計学方法論』49頁。
91　村上『会計方法論』43頁。
92　若杉『会計学方法論』130頁。
93　村上『会計方法論』65頁。
　　若杉『会計学方法論』87頁。
94　村上『会計方法論』131頁。
　　若杉『会計学方法論』105頁。
95　岡本「会計方法論における若干の問題点」53、56頁。
96　岡本愛次『会計学の基本問題』1977年。
97　同上、2頁。

計学方法論補説」[98]に改題していながら、「本書はもともと過去数年にわたって発表してきた論文を主としてそのまま、場合によっては題名をかえたり云々」[99]と述べるに止《とど》まり、改題の理由に説明はない。

ところで、前出の「会計は技術か科学か」の問い掛けについては「会計は、取引を観察し、分類し、測定する。科学的方法を適用するものが科学であるならば、そこまでは、会計は科学であるといってよい」[100]とする向きもある。実はこれも青柳であって、彼は次いで「会計学は技術か科学か」の問い掛けをもって俎上に載せ[101]、いわく、「会計学もまた科学であるとするならば、やはり、仮説演繹法にしたがわなければならない。しかし、会計学がこの科学の常軌にしたがうことはむずかしい」[102]。

他方、青柳は「会計」の語に三つの意味を認め、次のように述べている。

「第1は、行為としての会計（accounting）である。この行為を会計用語でいうと、かつては、記録・計算・報告といわれ、近年は、測定・伝達といわれる」[103]。

---

98　同上、18頁。

99　同上、「序」2頁。

100　青柳文司『会計学への道』1976年、68頁。

101　同上、68頁。

102　同上、71頁。

103　同上、6頁（（　）書きは原文）。

「第２は、情報としての会計（accounts）である。……会計行為によって……会計情報が作成される。このような会計行為の所産を会計とよぶことがある」[104]。

「第３は、知識としての会計（accountancy）である。これは会計に関する知識の体系すなわち会計学という学問を意味する。行為の基礎は知識にあるので、しばしば、会計と会計学は実務家や学者のあいだでも混同されている」[105]。

ここにも「混同」への言及がみられるが、ただし、「行為の基礎は知識にあるので云々」は会計学の特殊性、特殊事情ではない。

104　同上、6頁（（　）書きは原文）。

105　同上、6頁（（　）書きは原文）。

# 第2章　会計史の意義

そもそも歴史の意義を述べること自体に否定的な筆者ながら、しかも、これについては既に再三にわたり云々している筆者ながら、ここに改めて思量する。

**意義の言い訳**

のっけからタイトルを否定してしまうのもどうかと思うが、筆者とすれば、「会計史の意義」などといった論攷はこれを書くべきではないのかもしれない。

筆者はこれまで歴史書、とりわけ会計史書の多くが「冒頭の辺りにおいて、「歴史を学ぶことの意義」に言及している」[1]ことを屢々指摘し、「どうして歴史は、その意義について、いちいち言い訳しなければならないのだろうか」[2]とこれを疑問視してきているからである。

1　友岡賛『会計の歴史（改訂版）』2018年、17頁。

2　同上、17頁（圏点は原文）。

なお、蛇足ながら、この「疑問視」は、むろん、歴史の意義の疑問視ということではなく、殊更に歴史の意義を云々することの疑問視ということだが、この「どうして」という問いの答えは、筆者によれば、次のように述べられている。

> 「けだし、歴史は役に立たない、と思われているからだろうし、しかも、概して実践的な学問と目されている会計学の場合にはなおさらのこと、「役に立たない歴史を学ぶことの意義」を言い訳しなければならないのだろう」[3]。

また、こうした点については「専門分野としての形成期から実務主導型の性格を色濃く有していた「会計」において、「会計の歴史を学ぶことが会計人にとって何の役に立つのか」という問いに答えることは、歴史研究一般よりもなお困難である」[4]とする向きもみられるが、果たして「会計人」の役に立たなければならないのか。会計人への役立ち、「実務的必要性」[5]をどう考えるか。「「会計史」という学問領域の認知度は1970年代に俄かに高まり

---

3　同上、17頁（圏点は原文）。

4　千葉準一、中野常男（責任編集）『体系現代会計学［第8巻］会計と会計学の歴史』2012年、iii頁。

なお、下記のものにもほぼ同様の記述がある。

中野常男、清水泰洋（編著）『近代会計史入門（第2版）』2019年、(1) 頁。

5　小島男佐夫（責任編集）『体系近代会計学［第6巻］　会計史および会計学史』1979年、「序文」1頁。

をみた」[6]ともされているが、その頃に上木された或る会計史書は「従来から、簿記・会計の歴史的研究の必要性は、識者たちの間では充分に認められていたのにもかかわらず、実務的必要性が少なかったために云々」[7]と述べている。

ただし、他方、次のように、実践的であるからこそ歴史が重要、とする向きもある。

> 「会計学は、極めて実践的な科学である。実用性や有用性ばかりを追いかけるあまり、会計事象を科学的に認識し、普遍的・体系的知識を思弁的に捉える意識がどうしても置き去りにされ勝ちである。そうした状況から脱け出すためには、何よりも歴史に立ち返る必要がある」[8]。

しかしながら、どうして「何よりも」なのか。

ちなみに、けだし、会計史のすぐ隣り辺りに位置する経営史、そうした経営史の或るテキストは「なぜ、歴史を学ぶのか？」[9]という問い掛けをもって惹句とし、冒頭において「なぜ経営史を

---

6　友岡賛『会計学の基本問題』2016年、225頁。

7　小島（責任編集）『体系近代会計学［第6巻］　会計史および会計学史』「序文」1頁。

8　渡邉泉『世界をめぐる会計歴史紀行——新たな地平を求めて』2021年、7頁。

9　中瀬哲史『エッセンシャル経営史——生産システムの歴史的分析』2016年、帯。

学ばなければならないのか、経営史とは経営学にとってどのような意義を有するのか」[10]と問うているが、しかし、「学ばなければならない」という言い様には些か違和感を覚え、また、「経営学にとって云々」という件については［経営史 ⊂ 経営学］なのか、それとも［経営史 ⊂ 歴史］なのか（［会計史 ⊂ 会計学］なのか、それとも［会計史 ⊂ 歴史］なのか）という問題があろうか。

しかしながらまた、そもそも意義とは何か。「「ほお、こういうことがあったんだ」といったように」[11]「知ることの喜びをもたらす、というだけでは足りないのだろうか」[12]。

例えばクリストファー・ノーベス（Christopher Nobes）は「会計記録は人類にとって最も歴史あるものであり、すなわち会計は叙述された歴史と同じ長さの歴史を有します（accounting is as old as written history）」[13]と述べ、本文125頁しかない会計学の入門書（*Accounting: A Very Short Introduction*）においてかなりの紙幅を歴史の記述に割いているが、このことについて「私の同僚（特に会計プロフェッション出身の）は、私がカバーしておくことにした歴

10　同上、i頁。
11　友岡賛『会計の時代だ――会計と会計士との歴史』2006年、207～208頁。
12　友岡『会計学の基本問題』290頁。
13　クリストファー・ノーベス／水谷文宣（訳）『会計学入門』2021年、i頁。
Christopher Nobes, *Accounting: A Very Short Introduction*, 2014, p.xi.

史への叙述について何の意義も見出さないかもしれません」[14]と認めつつ、しかし、「歴史は現状の理解を助けるものであり、そして楽しませてくれる（fascinating）ものでもありえます」[15]と述べている。

確かに「歴史は役に立たない、と思われている」反面、「世間には歴史好きが少なくなく、『○○の歴史』といった本はどれもそれなりによく読まれ」[16]ている。「楽しませてくれる」「というだけでは足りないのだろうか」。

また、A. C. リトルトン（A. C. Littleton）は「会計の史的考察」[17]の意義について「会計の本質を探究する一つの方法は……歴史的背景のうちにおいて観察してみることである」[18]としており、ただし、これは何も会計に限ったことではなかろうが、他方、歴史一般についてリトルトンいわく、「歴史はわれわれの興奮をそそるというだけでなく、同時にわれわれの役にたつものである」[19]。

「興奮をそそるというだけ」「では足りないのだろうか」。

ただし、「われわれの生活に還元できる歴史でなければ、歴史

14　ノーベス／水谷（訳）『会計学入門』ⅰ頁（（　）書きは原文）。

15　同上、ⅱ頁。
Nobes, *Accounting*, p. xi.

16　友岡『会計の歴史（改訂版）』17頁。

17　A. C. リトルトン／大塚俊郎（訳）『会計理論の構造』1955年、3頁。

18　同上、13頁。

19　リトルトン／片野一郎（訳）、清水宗一（助訳）『会計発達史（増補版）』1978年、「原著序文」1頁。

を研究する意味がない」[20]とする或る会計史家の立場からすれば、知る喜びや楽しみや興奮ではおよそ足りないのだろう。

**「会計史」の稀少さ**

「（少なくも）かつては「へぇ、会計にも歴史があるんだ」とか、「会計の歴史なんて考えてみたこともなかった」とかいわれていたこの「会計史」という分野」[21]である。

「人類にとって最も歴史あるものであり……叙述された歴史と同じ長さの歴史を有します」とまでいわれながら、しかし、「へぇ……あるんだ」とまでいわれる会計史の認知度の低さ、会計史という学問領域の認知度の低さ、あるいは「会計史」という講義科目の稀少さ[22]には些か興味を覚えるが、「大学において、会計史を講じているところはごくわずか」[23]とされるこの講義科目「会計史」については「良くいえばレアものだけど、悪くいえばニーズがないということで云々」と初回の教壇においてその特徴を紹介する筆者である。

ところで、会計学に限らず、学説研究の盛んなわが国の社会科学である。近年はさて措き、少なくもかつては、まずは学説研究、だった。

---

20 渡邉泉『会計の歴史探訪――過去から未来へのメッセージ』2014年、308頁。

21 友岡『会計学の基本問題』264頁。

22 友岡賛『歴史にふれる会計学』1996年、ｉ～ⅱ頁。

23 平林喜博（編著）『近代会計成立史』2005年、（1）頁。

ここにいう学説研究はこれを別言すれば、海外からの輸入、近代以降は主として欧米からの輸入に依拠した学問であって、会計学についていえば、あるいはドイツの学説に学び、あるいはアメリカの学説に学び、したがって、講義科目において「会計学史」ないし「会計学説史」は決して「レアもの」ではなく、ちなみに、例えば慶應義塾にあってもかつては「会計学史」が常設され、長く峯村信吉[24]が担当していたが、後継の筆者が「学」を削って「会計史」としてしまったという経緯がある。

**種々の会計史**

会計史にも種々のものがある。

前項に言及された会計学説史の類いはこれも会計史に含まれようが、しかしながら、それにしても、どうして「会計学史」ないし「会計学説史」といったようにその名称に「史」が附されるのだろうか。どうして例えば「会計学説論」などといった名称ではないのか。学説の変遷をみたいからなのか。「歴史とは……或るものが経てきた変遷の姿……である」[25]ともされる。あるいはおよそ学説というものには歴史性があるからなのか[26]。

なおまた、「会計学説史の類いはこれも会計史に含まれよう」と上述はしたものの、ただし、必ずしも［会計学説史 ⊂ 会計史］

---

24　峯村について下記のものを参照。
友岡『会計学の基本問題』311～313頁。

25　友岡『会計の時代だ』208頁。

26　学説の歴史性について下記のものを参照。
友岡賛『会計学の行く末』2021年、第8章第1節。

とは限らない。些かベタな論点ながら、本節の冒頭の項にも言及されたように、経済史は経済学の一員なのか、経営史は経営学の一員なのか、といった問題があり、すなわち［会計史 ⊂ 会計学］なのか、それとも［会計史 ⊂ 歴史］なのか、という問題があり、叙上のように、「史」を附すことを疑問視すれば、捉え様によっては［会計学説史 ⊂ 会計学］にして［会計史 ⊂ 歴史］ともいえようか。ちなみに、「会計史という研究分野は、言うまでもなく、会計研究と歴史研究との境界に位置する学際科学である」[27]ともされているが、筆者とすれば、「言うまでもなく」とは思わない。

「史」の疑問視はこれをまずは措いてみれば、学説史は概して文献を用い、「文献」には種々の意味があるものの、狭義には論攷の類い（ないしこれを収めた書籍等）を意味し、学説史は概してかかる狭義の文献を用いる。文献は資料に含まれるが、学説研究の資料は主として狭義の文献であって、また、文献は史料に含まれるが、学説史の史料は主として狭義の文献であって、したがって、学説史は文献研究といえ、この文献は概して実践における帳簿の類いはこれを含まない。実践における帳簿の類いを用いるのは会計実践史であって、これは会計学の歴史ではなくして会計という行為の歴史であり、その意味において、これこそが会計史ともいえ、実証研究ともいえようか。なお、ここにおける実証は、実証主義ないし実証史学などといった難しい話ではなく、［文献研究 vs. 実証研究］といった捉え方において、会計学説史は文献研究、会計史（会計実践史）は実証研究ともされようか。

---

27　中野、清水（編著）『近代会計史入門（第２版）』（1）頁。

また、実践史において用いる帳簿や財務諸表等の実践の史料はこれを通じて知りたいのは、要するに、かつて行われた会計処理の方法、行われてきた会計処理の方法、であって、ただしまた、そこには大別して二通りの方向性があろうか。すなわち、一つには、より良い会計を目指しての会計処理方法の変遷、といった視点をもってする実践史があり、いま一つには、企業経営者が利益調整等のために採る会計政策における会計処理方法の変遷、といった視点をもってする実践史があろうか。

他方、これは学説史か、それとも実践史かに些か迷うようなものもある。例えば簿記書を用いてする研究である。例えば「イギリスにおける簿記書の出版は、16世紀から始まる」[28]とされ、「当時に出版された簿記書は、ヨーロッパ大陸からの影響が強く、その集大成ともいえる著作が、1635年にロンドンで出版されたダフォルネ（Richard Dafforne）の『商人の鏡』*The Merchants Mirrour* である」[29]ともされているが、そうした『商人の鏡』をもって行われる研究は簿記史ないし（［簿記史 ⊂ 会計史］という意味において）会計史なのか。昔の書籍を扱っているから歴史なのか。あるいは「それ以後の簿記文献に、直接的・間接的に影響を及ぼしている」[30]とされるダフォルネの書を起点とする「コリンズ（John Collins）、リゼット（Abraham Liset）、モンテージ（Stephen

28　森田広大『イギリス簿記史論――17世紀イングランド簿記書の研究』2021年、ｉ頁。

29　同上、ｉ頁（（　）書きは原文）。

30　同上、10頁。

Monteage）および……ハットン（Edward Hatton）」[31] といった変遷を扱っていれば歴史なのか。

如上の簿記書を用いてする文献研究についてはそのかみの実践との関係が微妙にして重要にして興味深い。種々の事情によって一次資料（史料）の代わりに二次資料を用いることもあろうが、問題となるのはそうした二次資料としての文献（簿記書等）と実践との関係である。

なお、二次資料を用いる「事情」には、一次資料は入手困難、とか、一次資料を用いるのは面倒、とか、色々あろうが、ただし、筆者とすれば、ヒストリアンに概してみられる一次資料至上主義（一次資料を用いなければ歴史研究に非ず、といったスタンス）には賛同することができない[32]。先達の研究成果（二次資料）をもって用いてこそ、研究は進捗、進化する、と考え、逆言すれば、常に一次資料から始めていては研究の進捗、進化は覚束ない、とも考えるからである。

閑話休題。簿記書自体を対象として、すなわち簿記書を一次資料として行われる簿記書研究の場合には問題もなかろうが、例えばそのかみの実践についてその一次資料たる帳簿が、しかし、入手困難である、ということをもって簿記書を二次資料として用いるような場合には問題があるかもしれない。すなわち、該《がい》文献と

---

31　同上、1頁（（　）書きは原文）。

32　友岡『歴史にふれる会計学』2頁。

そのかみの実践の間には乖離があるかもしれない、ということである。事実、史上初の複式簿記書（複式簿記を扱った書）とされるルカ・パチョーリ（Luca Pacioli）の『スムマ』（*Summa de Arithmetica, Geometria, Proportioni et Proportionalita*）の刊行は1494年のことだったが、この「『スムマ』の登場前後からおよそ1世紀は、いわば簿記書よりも簿記実践が優っていた時期ともされ」[33]、この時期の簿記書は「商業の実務のなかに発達し、おこなわれていた簿記を解説することにもっぱらの目的があった」[34]ともされているが、時代が下ると逆転が生じ、「17世紀の簿記書にしめされるものは実践に先行した簿記法となっていた」[35]。

叙上のような文献と実践をめぐる問題はこれと同様の問題が複式簿記の伝播における知識と実践についても認められる。すなわち、如上の文献と実践の関係、乖離はこれと似通ったものが複式簿記の伝播における知識の伝播と実践の伝播についても認められる。

> 「経済発展における事業規模の拡大であるとか、事業形体の複雑化であるとかいったものが、より洗練された記録方法を必要とし、そういった必要の生じたとき、そういった必要の生じた地域において、複式簿記が採用されるようになっていったということであろう。知識としての複式簿記の伝播がたといあったとしても、それをもちいる必要のないかぎり、

*33*　同上、88頁。
*34*　同上、88頁。
*35*　同上、113頁。

実践としての普及は必然ではない」[36]。

「各地において複式簿記は、それが普及をみるかなりまえから既知であった。既知であったものが、それをもちいる必要が生じたときにもちいられ、それが普及であった」[37]。

如上のことについては例えば18世紀のイギリスにおける簿記書、簿記教育をめぐる状況が想起され、すなわち、「18世紀イギリスの簿記書事情は「スコットランドの優越」などともいわれ」[38]、「18世紀におけるイギリス簿記書の頂点とまでいわれる『現代的な簿記』の著者メイヤー、さらに『商業入門』を著わしたハミルトンは、ともにパース・アカデミィにて簿記を講じ……テキストとして書かれたかれらの簿記書は、その完成度の高さゆえにイギリス簿記教育の定本として広くもちいられ版をかさねた」[39]「がしかながら、それでは実践はどうであったかといえば、産業革命期にはいっても、複式簿記はかならずしも一般化せず……ほとんどの企業において複式簿記がもちいられるようになったのは19世紀、それもその後半になってからのことであった」[40]。

あるいはまた、19世紀の日本における簿記書、簿記教育をめぐる状況が想起され、すなわち、福澤諭吉の「『帳合之法』は諸学校のテキストとして全国各地に用いられ、また、爾後の多くの

---

36 同上、86頁。

37 同上、86頁。

38 同上、144頁。

39 同上、147頁。

40 同上、148頁。

簿記書の範となった」[41]が、しかしながら、のちに「福澤いわく、「明治6年の頃帳合之法を発行して、書物は売れたれども、扨この帳合法を商家の実地に用ひて店の帳面を改革したる者は甚だ少し。聊か落胆せざるを得ず」[42]。

なお、以上、本項が論じた問題については会計史における文献（論攷や学術書）と文書史料（帳簿や財務諸表等）の併用を指摘し、これを積極的に評価する向きもある[43]。

すなわち、「会計史の世界では……「会計学（説）史」……と「会計史」とが渾然一体となっている」[44]とされ、その事訳は「文献と文書史料とが入り混じって会計の歴史は叙述されている」[45]ことにあるとされ、「主として文献に依拠して綴っていた会計史研究は批判の矢面に立っている」[46]とされ、例えば「簿記・会計学の歴史的研究は、単に文献史的考察に終わるべきものではない」[47]などとはされるものの、しかしながら、この向きとすれば、「会計の史的研究に関する限り、文献と文書史料とを峻別して、前者による歴史研究を学説史、後者による歴史研究を会計史と判

41　友岡賛『日本会計史』2018年、49頁。
42　同上、50頁。
43　平林喜博「会計史の意義」平林喜博（編著）『近代会計成立史』2005年、6〜11頁。
44　同上、17頁（（　）書きは原文）。
45　同上、8頁。
46　同上、8頁。
47　小島男佐夫「簿記会計史研究の発展」小島男佐夫（責任編集）『体系近代会計学［第6巻］　会計史および会計学史』1979年、8頁。

別することは困難」[48]と考え、「会計史研究においては……会計上の文献と会計上の文書史料とが相互補完的に用いられて」[49]いると評価している。また、会計学（説）史と会計史の不可分性について前出の『スムマ』が引き合いに出され、会計史において屡々研究対象とされるこの書は文献（数学の学術書）であるとともに文書史料でもあるとされる[50]。「当時のヴェネツィア商人たちが使っていた簿記技法を述べたものという意味では記録文書であるといえる」[51]からである。

**意義の諸相**

歴史の意義はときに相対化に求められる。

例えば「なぜ歴史分析が必要なのか」[52]という問い掛けに「今存在するものを歴史的に相対化して見せることである」[53]と答える向きは「会計史家ウルフ（Woolf）がいうように、簿記や会計が「商業の子」であるとともに「文明の孫」（商業は文明の子）であるなら、経済史さらに大きくは文明史から現代の会計を相対化しうる視点（史的相対）が重要になる」[54]と敷衍している。また、「会計学は実践的な側面の強い学問」[55]として「その

48　平林「会計史の意義」9頁。
49　同上、11頁。
50　同上、7〜8頁。
51　同上、8頁。
52　石川純治『基礎学問としての会計学――構造・歴史・方法』2018年、138頁。
53　同上、138頁。
54　同上、Ⅲ頁（（　）書きは原文）。

実践も歴史の中で生まれ変化し続けてい」[56]るとする向きは「実践の意味を理解するには、それを相対化しうる理論や歴史についての認識が求められるのではないか」[57]と問い、さらにまた、自著をもって「実学とは程遠い虚学的著作」[58]と評する向きは、しかしながら、他方、「戦前企業における……会計現象を観察することによって、現代の会計現象の立ち位置をより相対的に見ることが可能となり、現代会計だけに焦点を当てていれば見逃してしまうであろう領域も視野に入ってくることが考えられる」[59]とその意義を説いている。

確かに社会科学にあって観察対象の多くは相対化されて初めて意味をもつ。

歴史のなかには種々の疑問、種々の「なぜ」、「どうして」に対する答えがあるなどともいわれる。

例えば「2015年の日本会計史学会第34回全国大会総会において設置が承認されたスタディ・グループ「簿記論・会計学講義で語るべき会計史」の研究成果に基づき作成された会計史教材」[60]は同書の狙いに「会計に対する「なぜ」という素朴な疑問に答え

55　野口昌良、清水泰洋、中村恒彦、本間正人、北浦貴士（編）『会計のヒストリー80』2020年、「刊行にあたって」1頁。

56　同上、「刊行にあたって」1頁。

57　同上、「刊行にあたって」1頁。

58　小野武美『企業統治の会計史——戦前期日本企業の所有構造と会計行動』2021年、iii頁。

59　同上、2頁。

ること」[61]をもって挙げているし、アメリカの会計史を扱った或るテキストは「会計の歴史を概観することによって……会計実践の主要な理由（なぜ？）を論ずること」[62]を意図し、すなわち「多くのテキストが「会計はどのように行うのか」の解説に終始しているなか、本書には「どうしてこのような会計が行われるのか」を歴史を通じて考えることが意図されて」[63]いるとされている。

とりわけ「会計の存在意義を歴史のなかに知る」[64]などともいわれる。

確かに、むろん、会計に限ることなく、或る事物の本質であるとか、存在意義とかいったものを知ろうとする場合、その答えはこれが歴史のなかにこそある、ともされ、このことをもって歴史の意義とする向きも少なくないだろう。「歴史を振り返ることが何よりも重要」[65]とまで断じ、また、「歴史を振り返れば明々白々」とする向きもあり、すなわち「会計……の本質や本来の役割を……考える……ためには、歴史を振り返ることが何よりも重要な視点である」[66]ともされ、会計の信頼性をもって最重視する

60　野口、清水、中村、本間、北浦（編）『会計のヒストリー80』「はじめに」3頁。

61　同上、「はじめに」2頁。

62　トーマス A. キング／友岡賛（訳）『歴史に学ぶ会計の「なぜ？」――アメリカ会計史入門』2015年、7頁（（　）書きは原文）。

63　同上、3頁。

64　友岡『会計の歴史（改訂版）』帯。

65　渡邉泉『会計学者の責任――歴史からのメッセージ』2019年、24頁。

この向きによれば、「会計を成立させた根源的な要因が信頼できる記録にあったことは、歴史を振り返れば明々白々なことである」ともされる。往時の状況について「歴史を振り返れば明々白々」といわれても、けだし、「明々白々」ということ自体が明々白々だろうし、歴史の重要性には首肯するものの、「何よりも重要」かどうかはさて措きたいが、例えばその事物の生成史をみることによって生成の背景、事訳が知られ、それはその事物の存在意義を知ることを意味し、あるいはまた、歴史のなかにその事物の出自を知り、そもそもなんだったのか、を知ることはその事物の本質をもって知ることを意味しようか。歴史には、歴史を学ぶ、という面と、歴史に学ぶ、という面があるが、如上のことは、むろん、後者であって「歴史が教える会計の役割」[67]などともされる。

「存在するものにはすべて意味があり、存在にはすべて理由《わけ》がある。そして、その意味は歴史のなかにある。或るものの存在理由はその歴史のなかにあり、すなわち、われわれは或るものの意義をその歴史のなかに知ることができる。歴史に学ぶとはそうしたことだろう」[68]。

しかしながら、他方また、歴史に学ぶ、ということは、学んだ

---

66　同上、24頁。

67　渡邉泉『原点回帰の会計学――経済的格差の是正に向けて』2020年、4頁。

68　友岡賛『会計学原理』2012年、223頁（ルビは原文）。

ことにしたがう、ということを意味するものではない。例えば「原点回帰の必要性を説く」[69]向きによれば、「歴史の教えに従って……複式簿記の誕生当初の役割に立ち戻ることが望まれる」[70]とされ、これは「会計の原点への回帰である」[71]とされているが、しかし、原点を知ることは有意義ながら、原点回帰はこれが是とは限らない。筆者とすれば、進化の類いはこれを必ずしも是とするものではなく、むしろ、守旧派を自認し、自任しているが、しかし、回帰（もとと同じような状態に戻ること）をもって必ずしも是とするものでもない。

あるいはまた、「そもそも」を知ることは有意義ながら、「そもそも」はこれが論拠になるとは限らない。例えば［資産負債アプローチ vs. 収益費用アプローチ］の論において収益費用アプローチに味方する向きのなかには「そもそも会計はフローだから」[72]とする向きがある。筆者とすれば、そもそも会計はフロー、ということには首肯し、また、収益費用アプローチはこれに味方する立場にある[73]ものの、しかし、「そもそも」はこれが論拠になるとは思わない。

---

69　渡邉『原点回帰の会計学』194 頁。

70　同上、192 頁。

71　同上、192 頁。

72　下記における辻山栄子の発言。

辻山栄子、関根愛子（シンポジスト）／友岡賛（コーディネーター）「研究者の立場と実務家の立場」慶應義塾大学会計研究室主催公開シンポジウム、2018 年。

73　友岡『会計学の行く末』63～64 頁。

# 第 2 部　会計の基本的前提

# 第3章　会計公準と会計公準論の論点

会計公準ないし会計公準論をめぐる基本的な論点を再吟味し、また、会計行為の基本的前提たる公準の意味について思量する。

## 会計公準の意味

会計行為の基本的前提について云々する会計公準論にはかなりの史的変遷がみられ、すなわち会計公準は長年にわたってさまざまに論じられ、種々の論者によって種々の公準が挙げられてきている[1]が、ただし、今日にあって一般に認められているものとしては企業実体の公準、継続企業の公準（ないし会計期間の公準）、および貨幣的測定の公準（ないし貨幣的評価の公準等）の三つが挙げられよう。事実、例えば「日本一読まれている財務会計のテキスト」[2]もこの三つを

1　新井清光『会計公準論（増補版）』1978年、第4～7章。
2　桜井久勝『財務会計講義（第22版）』2021年、帯。

表 3.1　会計公準の意味

| 会計公準 | 形式的意味 | 実質的意味 |
|---|---|---|
| 企業実体の公準 | 会計の計算は、企業実体を対象として行う。 | 企業は出資者から独立した別個の存在である。 |
| 継続企業の公準 | 会計の計算は、期間を区切って行う。 | 企業は倒産しない。 |
| 貨幣的測定の公準 | 会計の計算は、貨幣額を用いて行う。 | 貨幣価値は変化しない。 |

もって挙げ、これらの意味を表 3.1[3] のように整理しており、すなわち「これらの公準は、元来、会計の記録や計算を成立させるための形式的な前提として提唱されてきたものであるが、経済的な実質を伴った仮定としての意味をも併せもっている」[4] とされ、「元来の形式的意味とそこから導き出される実質的意味」[5] がここにまとめられている。

形式的意味と実質的意味の意味および両者の関係がいま一つ分からないが、後出の「往年の定番テキスト」[6] も同様に二通りの意味を挙げている[7]。それはさて措き、しかしながら、果たして企業実体の公準の意味は「出資者から独立した別個の存在」、継続企業の公準の意味は「倒産しない」、貨幣的測定の公準の意味は「変化しない」ということなのだろうか。

---

3　同上、57 頁。

4　同上、57 頁。

5　同上、57 頁。

6　友岡賛『会計学原理』2012 年、15 頁。

7　飯野利夫『財務会計論（改訂版）』1983 年、1-14～1-17 頁。

なお、叙上の問い掛けは公準における実質的意味の意味に対する疑義をもって含意しているともいえようか。

**企業実体の公準の論点**

果たして企業実体の公準の意味は「出資者から独立した別個の存在」ということなのだろうか。

この公準に如上の実質的意味を認めるということは、けだし、この公準を会計主体論と重ね合わせて捉えることを意味しようか。

例えば前出の「日本一読まれている」テキストは「企業実体の公準は……企業と出資者の関係を規定する実質的な意味をも含むものとして解釈されることも多い」[8]として会計主体論に言及し、資本主説と企業主体説を紹介の上、現行の会計は出資者から独立した企業実体を対象として行われているが、会計上の判断については資本主説が採られている、と説いており[9]、この件《くだり》における「が」には留意されようし、また、「往年の定番」のいう実質的意味は「この前提（公準）によれば、会計上のあらゆる判断は、株主、すなわち、資本主の立場からではなくて、企業の立場から行うことが要請される」[10]と説明されている。さらにまた、或るテキストは、企業実体の公準は基本的には会計が行われる場を確定する公準ながら、これを会計上の判断主体の確定にも関連する公準とみなす見解もある、として会計主体論に言及し、［資本主

8　桜井『財務会計講義（第22版）』58頁。

9　同上、58頁。

10　飯野『財務会計論（改訂版）』1-14～1-15頁。

説 vs. 企業主体説］の関係を紹介し、企業主体説が資本主説批判としてもたらされたことを説き、しかし、現行の会計はこれが依然として資本主説に立脚していることを説き[11]、畢竟、この公準をもって「企業という限定された場における出資者持分の管理運用の顚末とりわけ利益の金額を、出資者の観点から報告することを要請した公準」[12]としており、すなわち、いずれのテキストもこの公準と資本主説の間に齟齬を認めている。

叙上の立場は企業実体の公準と企業主体説を同等視している、といったら過言かもしれないが、この両者を重ね合わせて捉え、この両者間に親和性を認めている、とはいえようか。

ただしまた、しかしながら、企業実体の公準は屢々店と奥の関係ないし店と奥の峻別の問題として説かれ[13]、けだし、この関係ないし峻別は［資本主説 vs. 企業主体説］の議論とは次元を異にするものといえようか。すなわち、店と奥の峻別と資本主説の間には齟齬はないということである。

他方、「会計主体論における会計主体と、会計の基本前提ないし公準のひとつとしてのビジネス・エンティティ（企業実体）との区別」[14]を説き、これらは「異質の概念であることに注意しな

---

11　藤井秀樹『入門財務会計（第2版）』2017年、65〜66頁。

12　同上、66頁。

13　星野一郎『詳解 財務会計論——制度と慣習と政策のルール』2020年、52〜54頁。

14　山桝忠恕、嶌村剛雄『体系財務諸表論　理論篇（改訂版）』1975年、23頁。

ければならない」[15]とする向きがある。

すなわち、この向きにおいて企業実体は「会計の対象または客体を限定するための技術的・形式的な概念」[16]とされ、「これに対して、会計主体の概念は、会計を行うにあたっての立場を問題とするものであって……歴史的な概念であるとともに、会計の実質を規定する概念でもある」[17]とされ、「歴史的・実質的な概念」[18]とされており、ここには「形式的」と「実質的」の峻別がある。ちなみに、筆者とすれば、この向きと同様、企業実体の公準と会計主体論を峻別の上、図3.1のように捉える[19]が、そうした私見の開陳は本節の仕事ではない。

いずれにしても、如上の企業実体の公準と会計主体論をめぐる論点は会計学ないし会計公準論の建て付けの問題であって、すなわち会計学ないし会計公準論における論点であって、次項以降の継続企業の公準および貨幣的測定の公準にかかわる論点とは性格を異にするといえようか。

15　同上、67頁。
16　同上、23頁。
17　同上、24頁。
18　同上、25頁。
19　友岡『会計学原理』109～110頁。

図 3.1　企業実体の公準と会計主体論

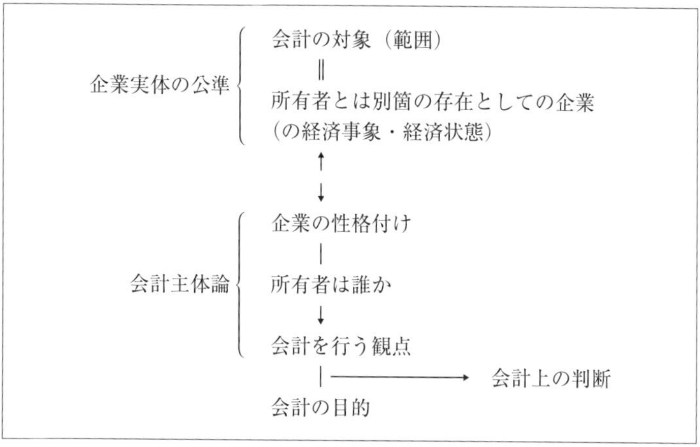


## 継続企業の公準の論点

果たして継続企業の公準の意味は「倒産しない」ということなのだろうか。

まずはこの公準について「日本一」以外のテキストの類いをサーベイしてみよう。

「今日の会計では、企業を永遠に継続するもの、すなわち、継続企業と仮定し、企業の全存続期間を人為的に定めた一定の会計期間に区切って……」[20]（飯野利夫著）。

「継続企業の公準とは、企業の経済活動は半永久的に継続し

20　飯野『財務会計論（改訂版）』1-15～1-16 頁。

て営まれるという前提である」[21]（広瀬義州著）。

「継続企業の公準は、会計期間の公準とも呼ばれ、会計の場となる企業が半永久的に存在する継続企業であることを仮定する公準です」[22]（藤井秀樹著）。

「現代の企業は、永久に継続するもの、つまり「ゴーイング・コンサーン」（継続企業）と仮定されている」[23]（伊藤邦雄著）。

「継続企業の公準とは、とくに明確な証拠がないかぎり、企業は未来永劫に継続するものとして、会計処理をおこなうという前提である」[24]（星野一郎著）。

あるいは「永遠」とされ、あるいは「半永久的」とされ、あるいは「永久」とされ、あるいは「未来永劫」とされているが、いずれも、ニュアンスは異なるものの、概ね同様の意味だろうか。ちなみに、冒頭に引かれた飯野著はこれが前出の「往年の定番」であって、飯野によれば、「永遠」とされているが、その「永遠」の企業について「全存続期間」という概念が用いられることには

21　広瀬義州『財務会計（第13版）』2015年、24頁。

22　藤井『入門財務会計（第2版）』69頁。

23　伊藤邦雄『新・現代会計入門（第4版）』2020年、77頁（（　）書きは原文）。

24　星野『詳解 財務会計論』73頁。

些か違和感を覚えないでもない。

閑話休題。如上の「永遠」の類いは、現実ではなく、「あくまでも会計を行うために仮定された基礎的前提であ」[25]ることが述べられる。例えば「企業はつねに経営破綻するリスクを抱えています」[26]（藤井著）とされ、「なかには倒産する企業もある」[27]（伊藤著）とされ、「現実的な企業経営においては、企業が未来永劫にわたって継続することはそれほど多くはない」[28]（星野著）とされているが、こうした現実への言及はこれに「しかし」の類いが続く。すなわち「倒産する企業もある。しかし、倒産を予定して活動を行っている企業はない」[29]とされ、あるいは「未来永劫にわたって継続することはそれほど多くはない。けれども実際の会計処理では、明瞭な証拠がないかぎり、この公準が前提とされている」[30]とされている。しかしながら、[倒産する企業もある → しかし、倒産を予定して活動を行っている企業はない →（だから）継続企業を仮定］と［永続する企業は多くない → しかし（けれども）、継続企業を仮定］は行論をもって異にする。

また、「永遠」の類いの言い様はこれを用いることのない次のような解釈もある。

---

25 藤井『入門財務会計（第2版）』70頁。
26 同上、70頁。
27 伊藤『新・現代会計入門（第4版）』77頁。
28 星野『詳解 財務会計論』73頁。
29 伊藤『新・現代会計入門（第4版）』77〜78頁。
30 星野『詳解 財務会計論』73〜74頁。

「継続企業の仮定は、企業が清算や倒産をしないことを意味しているわけではありません。経済事象を記録するという会計上の処理を行うにあたって、考慮される将来の期間まで、継続して経済活動が行われていると推定される状況にあることが仮定されているのです」[31]（齋藤真哉著）。

「会計上の処理を行うにあたって、考慮される将来の期間まで」とはいいえて妙という気もする反面、些かトートロジーのような気がしなくもない。それはさて措き、ここでは「推定」という語が用いられているが、筆者とすれば、「予定」という語を用いたい。ただし、予定されている、といったことではなく、予定されていない、といったことであり、継続（ないし永続）が予定されている、といった意味ではなく、「終了というものが予定されていない」[32]という意味であって、例えば下記の解釈にも似通ったものが看取される。

「これ（継続企業の公準）は、企業会計の一般的な対象としての企業が、解散や倒産などの事態を予定することなく、あくまでも事業の継続をたてまえにして行われているという前提である」[33]（山桝忠恕、嶌村剛雄著）。

「たてまえにして」の「たてまえ」の意味はこれが些か分かり

---

31　齋藤真哉『現代の会計』2020年、25～26頁。

32　友岡『会計学原理』2012年、105頁。

33　山桝、嶌村『体系財務諸表論　理論篇（改訂版）』69頁。

にくいが、「本音と建て前」といった場合における「建て前」ではないだろう。この場合の「建て前」は表向きの考え、表向きの方針といった意味であって、けだし、これはこの文脈には些かそぐわない。原則、原則的な方針といった意味の「建て前」なら、ここにそぐうだろうか。「あくまでも事業の継続を原則にして」ないし「あくまでも事業の継続を原則的な方針にして」ということか。とすれば、継続が原則ないし原則は継続（解散等は例外）といったことか。

それはそうと、公準における「原則」はこれをどのように解すべきか。「今日の企業は原則として継続企業であるから、会計処理は原則として継続企業を前提として行われる」といったことか。あるいは「今日の企業は原則として継続企業であるから、今日の会計処理は継続企業を前提として行われる」といったことか。いずれの解し方も「今日の企業は原則として継続企業である」という件を有し、したがって、例外としての継続企業に非ざる企業の存在はこれを含意しているが、前者は例外的な会計処理の存在を含意し、後者は飽くまでも継続企業を前提とした会計処理について述べている。筆者とすれば、公準は例外を含意するものではないのではないか、と考え、したがって、「今日の企業は原則として継続企業であるから、今日の会計処理は継続企業を前提として行われる」と捉えたい。

ただしまた、今日の企業は「事業の継続を原則にして行われている」ということと今日の企業は「原則として継続企業である」ということは些か意味を異にする。前者は、企業はすべて継続を原則としている、ということだろうが、他方、後者は、大半の企業は継続企業である、ということであって、別言すれば、前者においては事後的（結果的）にのみ継続企業に非ざる企業が生ずるが、他方、後者においては端《はな》から例外としての継続企業に非ざる企業が存することとなる。

ところで、継続企業に非ざる企業とは何か。例えば表3.1の解釈によれば、［継続企業に非ざる企業 = 倒産する企業］ということになろうが、しかし、果たして［継続企業 vs. 倒産する企業］なのだろうか。

筆者とすれば、継続企業とは「終了というものが予定されていない企業」[34]のことであって、したがって、［継続企業に非ざる企業 = 終了というものが予定されている企業］ということとなり、終了というものが予定されている企業は「当座企業」と称することができよう。もっとも「当座とは、その場限り、ということであって、すなわち、当座企業とは、その場限りの企業、である」[35]とされ、「その場限りの企業」と「終了というものが予定されている企業」は概念的には些か異なるが、後者は「たとえば、○○年３月末日まで、とか、この事業プロジェクトが完了するまで、とかいったように予定されている」[36]企業のことであって、予定されている終了まで、をもって「その場」と捉えることもできようか。

「継続企業」をもって「当座企業」の対概念とする如上の理解

---

34　友岡『会計学原理』105頁。

35　友岡『会計の歴史（改訂版）』2018年、99頁。

36　友岡『会計学原理』105頁。

によれば、今日の会計は企業の終了を予定していない。もしもそうでなければ、（予定されている）終了を待って、企業の全生涯について会計を行う（例えば全生涯における成果、全生涯における利益を把握する）ということもできようが、終了が予定されていなければ、（予定されていない）終了を待つことはできず、したがって、企業の営みの流れを時間的に区切ること、すなわち期間を定めることが必要となる。期間を定め、期間について会計を行う（例えば期間における成果、期間における利益を把握する）ということである。この期間のことを「会計期間」といい、したがって、この公準は「会計期間の公準」とも呼ばれるのである。

いま一度、表 3.1 の解釈における［継続企業 vs. 倒産する企業］について問えば、けだし、当座企業の場合は（予定されている）終了を待つことができようが、倒産する企業の場合、倒産は決して待つものではないだろう。

なお、本項において用いられた「今日の」という言い様はこれを「近代（の）」と換言した方が明確かもしれない。本節の冒頭においては今日にあって一般に認められている公準として三つのものが挙げられたが、これらのうち、継続企業の公準、すなわち会計期間の公準は、これこそが近代会計の直接的な前提、などともされる。期間を定め、期間について会計を行う、ということは、けだし、これが近代会計の最大の特徴として捉えられる。

今日の企業は一般に継続企業として行われているが、かつての企業はそうではなかった。すなわち、終了が予定されていた。そうした企業は、既述のように、「当座企業」と称され、そうした当座企業から継続企業への移行は会計史上、劃期的な出来事、すなわち期間利益計算の成立をもたらす。

また、近代会計の大きな特徴としてはいま一つ、発生主義というものを挙げることができる（ただし、これは、最大の特徴、ではない。叙上のような、期間について行う、ということがあってこそ、この発生主義はある）。この発生主義は現金主義というものと対比されるものであって、［現金主義 → 発生主義］の移行（発生主義の成立）はこれも会計の歴史において（期間利益計算の成立の次に）劃期的な出来事として捉えられ、この移行はこれをまずは信用経済の発達および固定資産の増加がもたらす。

継続企業が期間をもたらし、期間（利益計算）が発生主義をもたらし、近代会計は期間利益計算と発生主義をもって規定される[37]。

閑話休題。本項においてはまずは［継続企業 vs. 倒産する企業］が否定され、「継続企業」は「当座企業」の対概念であることが確認されはしたが、ただし、しかしながら、監査におけるゴーイング・コンサーン（継続企業）問題の議論にあっては倒産の類いが俎上に載せられている。

すなわち、この問題の議論にあっては「企業の存続可能性」[38]、「継続企業としての存続能力」[39]、「企業の継続的事業担当能力」[40]

37　同上、105～106頁。

38　八田進二（編著）『ゴーイング・コンサーン情報の開示と監査』2001年、ii頁。

39　林隆敏『継続企業監査論――ゴーイング・コンサーン問題の研究』2005年、1頁。

などといった概念が用いられ、こうした「可能性」ないし「能力」はこれが「ビジネス・リスクの評価」[41]の問題として論じられ、この問題はこれが「ゴーイング・コンサーン問題の本質」[42]とされる。あるいは「ゴーイング・コンサーン問題に関する研究の出発点は、企業存続が危ぶまれるというリスク・不確実性に対する監査人の役割に求められる」[43]とされ、あるいは「企業の存続能力に対する監査人の評価は、まさに「ビジネス・リスクを評価すること」と言い換えることができる」[44]とされ、ビジネス・リスクはこれが例えば「将来において、企業の成長または存続にマイナスの影響を及ぼす事象や状態が生じる可能性」[45]といったように定義されており、以上は、筆者のいうような当座企業ではなく、倒産の類いをもって問題としている。

監査におけるゴーイング・コンサーン問題については「監査人の役割は情報リスクの評価であって、ビジネス・リスクの評価ではないという監査観」[46]をもって監査人によるこの問題への関与を否定する立場があり、すなわち、監査人は会計（情報）の専門家であって経営（ビジネス）の専門家に非ず、という理屈ながら、

40　亀岡恵理子、福川裕徳、永見尊、鳥羽至英『財務諸表監査』2021年、335頁。

41　同上、337頁。

42　同上、337頁。

43　林『継続企業監査論』38頁。

44　永見尊『条件付監査意見論』2011年、139頁。

45　同上、135頁。

46　亀岡、福川、永見、鳥羽『財務諸表監査』335頁。

しかし、他方、公準は会計の前提であって、したがって、会計の前提の確認はこれも監査人の仕事、という理屈をもって「情報リスクの評価」の範疇にゴーイング・コンサーン問題を捉える立場もあるが、いずれにしても、この問題は監査における期待ギャップに端を発した「社会選択の問題」[47]であって、まずは期待ギャップの解消という目的ありき、といった感がなくもない。

また、この期待ギャップについては「職業会計士が現に引き受けている監査人の役割を果たさず、結果として監査に欠陥や重大な不備が存在していることを意味する場合と、社会の人々が監査人に求めている新たな役割に対して職業会計士が応えず、消極的な姿勢をとり続けていることを意味する場合とがある」[48]ともされているが、ただし、後者については「監査に対する世間の期待に誤解ないしずれがあることによるギャップ」[49]と捉えることもできよう。しかしながら、こうした捉え方を「消極的」と批判する向きは、期待に応えないプロフェッションはやがて淘汰されてもやむなし、と断ずる[50]。しかしながら、「新たな役割に対して」適材ではない場合にも応えるべきなのか。適材ではない者によって該役割が担われることは畢竟、公益を害《そこ》なうことになりはしないか。なおまた、「情報リスクの評価」の範疇にゴーイング・コンサーン問題を捉える立場には、「適材ではない者」に非ず、といった含意が看取され、他方、この問題を「ビジネス・リスクの

47　同上、336 頁。

48　同上、337 頁。

49　友岡賛『会計学の行く末』2021 年、195 頁。

50　同上、195 頁。

評価」として捉える立場には、「消極的」に非ず、といった含意が看取されようか。

**貨幣的測定の公準の論点**

果たして貨幣的測定の公準の意味は「変化しない」ということなのだろうか。

例えば「往年の定番」は「日本一」と同様、「実質的」という言い様を用い、「この公準は、実質的には、貨幣価値が安定しているという前提である」[51]としているが、「しかし、貨幣価値が絶えず変動していることは……明らかで……したがって……この公準の実質的前提は、避けることのできない崩壊的要因を含んでいる」[52]と断じており、また、この公準の「派生的な意味」[53]として「貨幣価値が一定であることを仮定するということ」を挙げ、しかし、「現実の経済社会では貨幣価値は絶えず変動していますから、この仮定は実務的には、貨幣価値の変動を無視するということを意味します」[54]と説く向きもあり、さらにまた、「貨幣的評価の公準において重要な点のひとつは、それが実質的に貨幣価値の安定性を仮定しているということである」[55]としつつ、「より正確にいえば、貨幣価値の変動が一定の範囲内にあるということを仮

51 飯野『財務会計論（改訂版）』1-17頁。

52 同上、1-17頁。

53 藤井『入門財務会計（第2版）』71頁。

54 同上、71頁。

55 星野『詳解 財務会計論』92頁。

定しているのである」[56]と補説する向きもあり、いずれにしても、以上の諸説は「安定」の類いをもってこの公準に含ませている。

他方、「安定」の類いを否定する向きもある。例えば「貨幣的測定の公準は取得原価主義会計または名目資本維持の前提となる貨幣価値一定の公準とは別概念であって、あくまでも貨幣額による測定を意味しているにすぎない」[57]とする向きがあり、あるいは「貨幣価値一定の公準をこれにふくませるばあいがある」[58]が、「しかしながら、貨幣単位が不安定であることは明白な事実である」[59]ため、「貨幣評価の公準に貨幣価値一定の公準をふくませることは、公準自体の現実妥当性を弱めることになる」[60]とする向きがある。後者は前出の「往年の定番」が「崩壊的要因」と断じたものを除こうとしているが、ただし、「現実妥当性」は公準の問題なのだろうか。

ちなみにまた、前者は「取得原価主義会計または名目資本維持の前提となる貨幣価値一定の云々」としており、確かに「取得原価主義を主張する背後には、貨幣価値が安定しているとみる前提（または安定とみることができるという前提）がなければならない」[61]といった理解は一般的だろうが、ただし、筆者とすれば、

56　同上、92頁。
57　広瀬『財務会計（第13版）』25頁。
58　山桝、嶌村『体系財務諸表論　理論篇（改訂版）』71頁。
59　同上、71頁。
60　同上、71頁。
61　新井『会計公準論（増補版）』68～69頁（（　）書きは原文）。

貨幣価値安定の前提があって取得原価主義があるのではなく、「貨幣価値の変動を無視するということ」にこそ、取得原価主義の積極的な意味を認めたい[62]。ただし、これは公準の問題ではない。

なおまた、貨幣的測定の意義については概して「共通する尺度」[63]、「共通の尺度」[64]、「共通的・一般的尺度」[65]、「共通尺度」[66]、あるいは「公分母」[67]といった捉え方による説明がなされるが、しかし、「この説明は誤り」[68]と断ずる向きもある。「会計の目的に照らした場合、測定単位は貨幣単位でなければならない必然性がある」[69]とするこの向きは、会計は貨幣資本概念を採っており、この概念にもとづけば当然に測定は貨幣単位によることとなる、としている[70]が、しかしながら、果たしてそうだろうか。［貨幣資本維持 vs. 物的資本維持］の選択と貨幣的測定は問題の次元を異にしようし、また、「この説明は誤り」とするこの向きの説明はそれ自体が「共通尺度」の類いに貨幣的測定の意義を認める立場を否定するものではない。

---

62　友岡賛『会計学の地平』2019年、99頁。

63　山桝、嶌村『体系財務諸表論　理論篇（改訂版）』70頁。

64　飯野『財務会計論（改訂版）』1-17頁。

65　広瀬『財務会計（第13版）』25頁。

66　伊藤『新・現代会計入門（第4版）』77頁。

67　山桝、嶌村『体系財務諸表論　理論篇（改訂版）』70頁。
広瀬『財務会計（第13版）』25頁。

68　齋藤『現代の会計』27頁。

69　同上、27頁。

70　同上、27頁。

# 第4章　貨幣的測定の公準の再吟味

『会計学と人類学のトランスフォーマティブ研究』というユニークな書に学びつつ、会計記録、あるいは貨幣的記録の意味について再考する。

### 会計学と人類学

『会計学と人類学のトランスフォーマティブ研究』[1]は「学問が本来有する知的関心を相互に融合させるトランスフォーマティブ研究をおこなおうとする挑戦的、冒険的研究の成果」[2]の書とされ、また、ここに「トランスフォーマティブ研究とは、ディシプリンに革命的変化をもたらせ、まったく新しい分野を作り出すこと、あるいは、既存の理

1　同書の内容については『会計学と人類学のトランスフォーマティブ研究』ブック・ローンチ・ビデオ（http://www.shimizukobundo.com/information/traa-book-launch-video）も参考にした。

2　出口正之「はじめに」出口正之、藤井秀樹（編著）『会計学と人類学のトランスフォーマティブ研究』2021年、3頁。

論と展望を混乱させるといった通常では考えられないような結果をもたらすような取り組みのことをいう」[3]とされる。なおまた、この『トランスフォーマティブ研究』は「単なる錬金術のように異なる学問を混ぜ合わせただけ」[4]のものではなく、「「○○分野における○○学的研究」というだけに過ぎないもの」[5]でもなく、「会計人類学や文化会計学という学問……を目指しているわけではない」[6]が、ただし、この書はその「序説的な性格」[7]から「人類学と会計学に限定している」[8]とされている。

## インフレーション下の名目額処理

さて、如上のこの書の研究は「会計の基礎概念としての会計公準の含意を、人類学の研究成果に照らして再解釈するという挑戦」[9]に始まるが、この挑戦は「ジンバブエのハイパー・インフレーションに関する人類学の研究成果」[10]に注目し、

---

3　同上、3頁。

4　出口正之「領域設定総合化法によるトランスフォーマティブ研究序説」出口正之、藤井秀樹（編著）『会計学と人類学のトランスフォーマティブ研究』2021年、27頁。

5　同上、29頁。

6　同上、39頁。

7　同上、35頁。

8　同上、35頁。

9　出口「はじめに」10頁。

10　藤井秀樹「会計研究に対する人類学の示唆――会計の基礎概念と利益計算の性質」出口正之、藤井秀樹（編著）『会計学と人類学のトランスフォーマティブ研究』2021年、52頁。

この研究によれば、「ハイパー・インフレの状況でも人びとはお金を数え、使い、取引をしていた」[11] とされ、これは貨幣的測定の公準に反するとされる。

「貨幣的測定の公準では……会計期間を通じて貨幣価値は一定であるということが（暗黙裡に）仮定されている」[12] とされ、また、会計において考える貨幣はまずは等価交換の手段としてのそれとされ、しかし、「ジンバブエのハイパー・インフレを持ち出すまでもなく」[13] インフレーション下の「名目額での金銭処理は、不等価交換をもたらす」[14]。インフレーション下の金銭貸借の名目額処理は債権者から債務者への購買力の移転であって、これは一方的な支払いと看做され、その場合の貨幣は、交換手段としてではなく、支払手段として機能していることになるとされ、しかも、貨幣の歴史[15] によれば、貨幣にとって必須の機能は一方的な支払いの手段としての機能、すなわち支払手段としての機能とされる[16]。

人類学にあって貨幣はまずは支払手段としてのそれとされ、しかしながら、時代が下り、「市場経済が発展すると……交換手段

---

11　早川真悠「ハイパー・インフレ下の人びとの会計——多通貨・多尺度に着目して」出口正之、藤井秀樹（編著）『会計学と人類学のトランスフォーマティブ研究』2021年、63頁。

12　藤井「会計研究に対する人類学の示唆」54頁（（　）書きは原文）。

13　同上、54頁。

14　同上、53頁。

15　この「歴史」は「先史」と峻別される意味をもたない。

16　藤井「会計研究に対する人類学の示唆」49～50、53頁。

としての機能が、貨幣の機能を代表するものとして「開花」する」[17]とされる。敷衍するに、交換手段という機能の開花は市場経済の発展をもって要するが、他方、支払手段という機能は経済体制のいかんを問わずに求められ、事実、市場経済の発展を待つことなく、普及をみるに至ったとされる[18,19]。

かくてここに再考すべきは貨幣的測定の公準および貨幣の機能ということになろうか。

**貨幣的測定の公準**

例えば「日本一読まれている財務会計のテキスト」[20]と謳われる書はこの公準について次のように述べている。

「企業が取扱う財やサービスは多種多様であり、その物理的な測定単位も種類ごとに異なる。そのような多様な項目にわたって、合計や差引の計算を行うには、各項目を共通の測定尺度で表現しておく必要がある。このために選ばれた共通の尺度が貨幣額である。各種の財やサービスの測定尺度として貨幣額を用いることによって初めて、企業活動の統一的な測定と報告が可能になる。したがって「会計の計算は貨幣額を用いて行う」という貨幣的測定の公準は、会計を成立させる

17　同上、49頁。
18　同上、50頁。
19　注記1をみよ。
20　桜井久勝『財務会計講義（第22版）』2021年、帯。

のに不可欠な前提条件である」[21]。

さらに、この公準における「仮定」については次のように述べている。

「貨幣額で測定された財やサービスの評価額は、たとえその測定時点が異なっていても、そのまま合計や差引の計算に用いられる。しかし厳密にみれば、貨幣価値は絶えず変動しており、長期的な下落傾向があることは明らかである。それにもかかわらず現在の会計は、貨幣価値の変動を無視して測定額を無調整のまま計算に用いているのであるから、貨幣価値の安定性を仮定していることになる。したがって貨幣的測定の公準は、単なる形式的な前提条件にとどまらず、貨幣価値は変化しないという実質的な仮定をも含んでいる」[22]。

しかしながら、「変動を無視して測定額を無調整のまま計算に用いているのであるから」「安定性を仮定していることになる」と果たして当然にいいうるのか。

変動はこれを認めつつ、しかし、これ「を無視して測定額を無調整のまま計算に用いている」ということはないのか。あるいはまた、あえてこれ「を無視して測定額を無調整のまま計算に用いている」ということはないのか。けだし、取得原価主義、あるい

21　同上、59頁。
22　同上、59〜60頁。

は名目資本維持の積極的な意義はそうしたあえての無視にあり、そうであれば、人類学に学んだハイパー・インフレーション下の名目額決済に驚くこともない。

人類学の研究が対象としたジンバブエの事例は、斯学によれば、「互酬の交換」という概念をもって説明され、この互酬の交換において貨幣は一方的な支払いの手段として機能し、この交換における相手の期待は「近い将来に、だいたい同じようなものが返却される」[23]ということに過ぎず、「減価を過度に気にすることは、むしろ日常の中のスムーズなやりとりを阻害する」[24]と説明される[25]。

ハイパー・インフレーションの場合に「だいたい同じようなもの」を期待しうるか、という点は疑問ながら、けだし、確かに名目額決済の意義は「だいたい同じようなもの」による「スムーズなやりとり」に求められようし、「過度に気にすること」の否定よりも、あえての無視にこそ、積極的な意義が看取されようか。

また、この貨幣的測定の公準は次項に述べられる貨幣の機能においては一見、価値尺度機能に繋がるものとして捉えられようが、しかし、果たしてそうか。

**貨幣の機能**

前々項においては、一方的な支払いの手段としての機能、すなわち支払手段としての機能をもって

23 藤井「会計研究に対する人類学の示唆」53頁（圏点は原文）。
24 同上、54頁。
25 同上、50~54頁。

貨幣に必須の機能とする、とする理解が示されたが、貨幣論・金融論にあって支払いの手段は二次的、追加的、派生的な機能と捉えられることが多く、例えば価値尺度という機能および流通手段としての機能をもって貨幣の基本的機能とし、蓄蔵貨幣としての機能、支払手段としての機能、および世界貨幣としての機能はこれらを貨幣の二次的機能とする[26]向きは「支払手段機能は……貨幣成立の条件たる基本的機能ではない」[27]として次のように続けている。

> 「しかるに、この支払手段の機能をもって貨幣成立の基本的条件となす見解がある。すなわち、貨幣がたんに商品流通の領域においてばかりでなく、それ以外のところにあっても支払の手段として作用しうることと、支払流通が価値の一方的流通たる贈与や奉献と混同され、贈与や奉献の対象物がたまたま貨幣商品と同じものであったことから、かえって贈与や奉献などの一方的な価値移転の手段、すなわち支払の手段であったものが、貨幣とされたのである。しかし価値の双方的流通にさきだって、価値の一方的な流通が歴史的にあったとしても、その一方的な流通と支払流通とを混同することはゆるされない」[28]。

あるいはまた、「一般に貨幣には、交換、価値尺度、価値貯蔵

26　岡橋保『貨幣論（増補新版）』1957年、62～87頁。
27　同上、82頁。
28　同上、82頁。

の３機能があるとされ、加えて、決済機能を追加的にあげるというのが一般的である」[29]とされ、この３機能が一般に貨幣の定義を構成する[30]とされ、ただし、「交換機能と決済機能を分けないという区分も多い」[31]ともされるものの、「交換機能と決済機能を区別して、信用で交換はできるが、決済機能は貨幣のみが果たすとし……信用は貨幣ではないが、貨幣は信用の一形態」[32]と捉える向きもあるが、しかし、決済機能（支払手段）はやはり「追加的」に捉えられることが少なくなく、「派生的機能として貨幣の交換手段と価値貯蔵手段が結び付いた機能として支払手段としての機能がある」[33]とされ、「財・サービスの引渡と本来的には同時に行われる対価の支払いに時間的余裕である信用が付加されている」[34]とされる。

なおまた、貨幣の機能は社会によって与えられるものともされ、いわく、「貨幣には、交換・価値尺度・保蔵の３つの機能があるが、私はそれらを「役割」だと考えている。……そのモノが持っている性能か、社会が与えた役目かの違いである。経済失速という状況の打開策として最も効果的なのは貨幣のも《ママ》つ保蔵という役

29　林康史「貨幣とは何か」林康史（編）『貨幣と通貨の法文化』2016年、355頁。

30　畠山久志「仮想通貨と法的規制」林康史（編）『貨幣と通貨の法文化』2016年、22～23頁。

31　林「貨幣とは何か」371頁。

32　同上、371頁。

33　畠山「仮想通貨と法的規制」23頁。

34　同上、23頁。

割を外すことだ」[35]。

むろん、貨幣の定義は会計学の仕事ではなく、如上の定義ないし機能の解釈は斯学におけるものではないが、斯学に鑑みた場合、如上の定義ないし機能の解釈はどのように捉えられようか。

前々項に紹介された人類学の成果に鑑みた会計公準論によれば、会計において考える貨幣はまずは等価交換の手段としてのそれとされ、貨幣的測定の公準は人類学の成果によって否定されることとなり、また、貨幣機能論にあってこの公準は一見、価値尺度機能に繋がるものとして捉えられようが、しかし、果たしてそうか。

この価値尺度機能は「交換される商品の価値を一元的に表示する機能」[36]とされ、すなわち交換を前提とし、けだし、概して等価交換をもって前提としようが、しかし、名目額決済の世界にあって取得原価主義、あるいは名目資本維持に積極的な意義を与える場合、貨幣の機能は価値の尺度ではなく、額の尺度ということになろうし、交換は等価交換ではなく、同額交換ということになろうし、不等価交換の類いをもって一方的な支払いと捉えることもないだろう。

**貨幣的記録の公準**　前々項に引かれたテキストによれば、貨幣的測定の公準は「合計や差引の計算を行う」ためのものとされ、「合計や差引の計算を行う……ために選

35　林康史「貨幣を歩く［第1回］　コロナ対策の特殊通貨の発行」『企業会計』第73巻第1号、2021年、96頁。
36　畠山「仮想通貨と法的規制」22頁。

ばれた共通の尺度が貨幣額である」とされ、すなわち計算にかかわる前提とされているが、「会計の計算は貨幣額を用いて行う」という定義は妥当だろうか。

「会計の処理過程のなかでは、記録すること、がはじめにおこなわれるものとなる」[37] とされるようにまずは記録がある。したがって、「会計の計算は貨幣額を用いて行う」というより、「合計や差引の計算を行う」ために（「合計や差引の計算を行う」ことができるようにするために）「会計の記録は貨幣額を用いて行う」ということではないか。貨幣的測定の公準における測定は記録のために行われ、貨幣的測定による記録は計算のために行われる、ということではないか。

むろん、記録と計算の関係については種々の捉え方がありえようし、『トランスフォーマティブ研究』にあっては、計算はこれが必ずしも会計のなかにおいて行われるとは限らない、記録と計算はこれらが必ずしも共存するとは限らない、といった興味深い指摘がみられる。すなわち、これは算盤の存在を前提とした単式の和式簿記についての指摘であって、和式簿記にあっては算盤による計算が帳簿上の計算を不要とし、算盤による計算の正確さが複式簿記による検証を不要としたとされる。他方、算盤による正確な計算をもたなかった西洋人はこれを補うべく、複式簿記を行ったとされ[38]、「そう考えてみると、複式簿記は普遍的であるというよりも、単式簿記を使いこなせる道具が存在しなかったこ

37　工藤栄一郎『会計記録の基礎』2011 年、16 頁。

とによる、極めて特殊な形態だと考えることもできる」[39]とされる[40]。さらには、AIという計算を間違えることのない道具の登場が複式簿記を不要ならしめる可能性の指摘を通じて、複式簿記はその普遍性が疑問視され[41,42]、この疑問視は「会計学が文化人類学と出会うことで新たな問いが誕生したのである」[43]と自讃される。

しかしながら、単式簿記、複式簿記のいずれが「特殊」だったか、ということを知るには、けだし、古今東西のあらゆる帳簿を調べ、いずれがマジョリティーか（いずれがマイノリティーか）を数的に把握するというおよそ不可能な作業を要し、したがって、

---

38　三代川正秀「道具に制約された会計学的思考」出口正之、藤井秀樹（編著）『会計学と人類学のトランスフォーマティブ研究』2021年、184～186頁。

39　同上、186頁。

40　なお、和式簿記が単式簿記であることをもって洋式簿記に劣るとする向きの否定はほかにもみられ、例えば「広範囲にビジネスを展開する規模の大きな商家では、多種類の帳簿が有機的に結びついて構成された会計管理システムが構築されていて、現代の複式簿記と同等の機能を有する実践がなされ……西洋式の複式簿記に比べて、決して劣った簿記ではないのである」（工藤栄一郎「象徴としての大福帳」『企業会計』第71巻第6号、2019年、51頁）ともされる。

41　三代川「道具に制約された会計学的思考」186頁。

42　筆者も下記のものにおいてAIと複式簿記の今後に言及しているが、ただし、複式簿記の普遍性を疑問視する立場にはない。

友岡賛『会計学の地平』2019年、25頁。

友岡賛『会計学の行く末』2021年、196頁。

43　出口「はじめに」13頁。

複式簿記をもって「特殊」と即断することには無理もあろう。ただし、いずれにしても、「文化論（人類学）的視点から「そろばんという道具と和式簿記」について検討」[44]したこの研究は「トランスフォーマティブ研究ならではの論考」[45]と自讃されているが、例えば、複式という形式は「ローマ数字の計算への不適合性」[46]および「負」の概念の不在がこれをもたらした、といった繁くみられる指摘[47]はどういう「研究ならではの」発見なのだろうか[48]。

閑話休題。「会計の計算は貨幣額を用いて行う」という定義が前出の貨幣的測定の公準には「会計的な記録や処理そして伝達のすべてが、貨幣額によって……測定可能なものにかぎられるという前提である」[49]といった定義もみられるが、しかし、「すべて」

---

44　三代川「道具に制約された会計学的思考」177頁（（　）書きは原文）。

45　出口「はじめに」12頁。

46　仁木久恵『フランス会計の展開——複式簿記の生成から現代』2018年、13頁。

47　板谷敏彦『金融の世界史——バブルと戦争と株式市場』2013年、60〜61、66〜67頁。

仁木『フランス会計の展開』14頁。

48　下記のものをも参照。

三代川「道具に制約された会計学的思考」178〜180、181〜182頁。

49　星野一郎『詳解 財務会計論——制度と慣習と政策のルール』2020年、84頁。

ただし、ここでは「貨幣的評価の公準」（同上、84頁）と称されている。

もまずは記録に始まる。

「会計の中でもっとも重要な機能は記録と開示である」[50]ともされるものの、開示のない会計はあっても、記録のない会計はない。開示を目的としない会計はあっても、記録を行わない会計はなく、開示を目的としない会計にあっても記録は行われる[51]。記録という機能は会計の他の機能からは独立的に、単独でもって価値を有してきた、とされる[52]。

いずれにしても、やはりまずは記録に始まる。会計のプロセスは記録に始まり、また、会計の歴史[53]は記録に始まり、すなわち会計は記録として始まった[54]。

取引を記録するという行為は複式簿記が登場をみる遙か昔から行われてきている[55]。まずはトークン[56]のようなものが用いられ、その後、文字と数字が発明され、簿記が行われるに至る[57]が、そもそも「文字は会計の要請から誕生した」[58]とされる。

---

*50*　田口聡『教養の会計学——ゲーム理論と実験でデザインする』2020 年、50 頁。

*51*　開示を目的としない会計については下記のものを参照。
友岡賛『株式会社とは何か』1998 年、77～81 頁。

*52*　Gregory B. Waymire and Sudipta Basu, *Accounting is an Evolved Economic Institution*, 2008, p.7.

*53*　注記 *15* をみよ。

*54*　Waymire and Basu, *Accounting is an Evolved Economic Institution*, p.15.

*55*　*Ibid*., p.7.

*56*　粘土の粒（工藤『会計記録の基礎』12 頁）。

会計の歴史は二つの期に分けることができるともされ、その第1期は13世紀以降のイタリアに複式簿記が登場をみる前の時期とされる。地域によっては洗煉された単式簿記も用いられていたとはいえ、いずれにしても、この第1期にあって会計は主として記録だったとされ[59]、その記録はまずは債権債務にかかわっていた。

すなわち「歴史的に見て、会計的な記録は、備忘目的で始められたと考えられ……特に、他者に対する債権債務の文書証拠として発展した」[60]ともされているが、ただしまた、「文書」を待つことはなく、すなわち文字の誕生を待つこともなかった。

文字が誕生をみる前に存在した記録手段にはトークンやタリー[61]を挙げることができるが、その存在を紀元前8000年までも遡ることができる[62]トークンは「世界最古の会計記録」[63]ともいわれ、また、先史時代においては狩猟の獲物の数などを記録し

57 Waymire and Basu, *Accounting is an Evolved Economic Institution*, p.15.

58 工藤栄一郎「会計史研究と人類学の対話可能性」出口正之、藤井秀樹（編著）『会計学と人類学のトランスフォーマティブ研究』2021年、170頁。

59 Waymire and Basu, *Accounting is an Evolved Economic Institution*, p.16.

60 橋本寿哉「簿記・会計の起源——勘定の生成」野口昌良、清水泰洋、中村恒彦、本間正人、北浦貴士（編）『会計のヒストリー80』2020年、2頁。

61 「木材や動物の骨などを素材とした棒状のもので、そこに刻み目をつけた記録手段」（工藤『会計記録の基礎』11頁）。

ていたとされるタリーについては「やや進化した社会のなかで使用されたそれは、主として負債の記録のための役割を担っていた」[64]とされる。

ちなみに、負債といえば、貨幣もまずは負債にかかわっていたともされる。すなわち、文化人類学者デビッド・グレーバー（David Graeber）の『負債論』[65]によれば、「貨幣の最古の形態は借用証書」[66]とされ、貨幣はモノに非ずとする貨幣信用理論の立場によれば、貨幣は尺度に過ぎず、その測定対象は負債であり、また、貨幣は対象物の価値尺度に非ずとされ、他者に寄せる信頼の尺度であるとされる[67]。

「借用証書」は債権債務の記録であって、ここに貨幣の始点と

---

62　Waymire and Basu, *Accounting is an Evolved Economic Institution*, p.10.

63　「イランでの発掘品中にあった……どう見ても座薬にしか見えない、五つの謎の未焼成の円錐形をした土の物体……。シュマント・ベセラット……はそれを「トークン」と呼んだ。……広範囲にトークンを見ていくうち、それが見つかったのと同じ地層には、必ず初期の農業の痕跡があることを発見して、彼女は突然閃いた。「……それでつじつまが合います。農業をしていれば、穀物や他の主要産物を数えて記録する必要がありますから」……ベセラットによれば、トークンは世界最古の会計記録だという」（マイク・ブルースター／友岡賛（監訳）、山内あゆ子（訳）『会計破綻』2004年、30～32頁）。

64　工藤栄一郎『会計記録の研究』2015年、22頁。

65　デヴィッド・グレーバー／酒井隆史（監訳）、高祖岩三郎、佐々木夏子（訳）『負債論――貨幣と暴力の5000年』2016年。

66　田口『教養の会計学』75頁。

67　グレーバー／酒井（監訳）、高祖、佐々木（訳）『負債論』69～71頁。

会計の始点が重なる。

債権債務の記録は、けだし、自明的に貨幣額による記録であって、したがって、記録として始まった会計は貨幣的記録として始まったといえようか。

## 記録の意味

改めて記録の意味を確認しておきたい。

けだし、記録には記憶という面と証拠という面があるだろう。

記憶の面はまずは管理のためであって、まずは財産を管理するための記憶の必要から記録がなされる。

例えば、牛がXX頭、というだけなら記録は不要かもしれないが、牛がXX頭、馬がXX頭、羊がXX頭……、となってゆくと、管理のために記録が必要になる、ということが考えられる。あるいはまた、例えば、A氏にXX円貸し、というだけなら記録は不要かもしれないが、A氏にXX円貸し、B氏にXX円貸し、C氏にXX円貸し……、となってゆくと、債権の管理に記録が必要になる、ということが考えられる。

ただし、簿記における勘定は［①人名勘定 → ②物財勘定 → ③名目勘定］の順に生成した、とされ、簿記は債権（ないし債権債務）の備忘記録から始まった、とされる。

人名勘定は、要するに、債権債務の勘定であって、つまり、「A氏にXX円を貸した」や「Z氏にXX円を借りた」といった記録をするためにA氏勘定やZ氏勘定を設けるということであり、簿記は債権の備忘記録から始まった、とされる。この債権の備忘記録は、つまり、人にカネを貸した場合、そのことを忘れてしまわないように「A氏にXX円を貸した」と記録しておく、ということであり、これは貸し手としては当然に行うべきことであって、また、カネ貸しという行為は古くから行われていたことから、こうした記録も古くから行われていた、ということである。

こうした意味において、まずもって生成をみたのは人名勘定だった（なお、他方、人にカネを借りた場合に、そのことを忘れてしまわないように「Z氏にXX円を借りた」と記録しておく、という債務の備忘記録も、借り手として当然に行うべきことかどうか。これについてはなんともいえない）。

かくて、すなわち、「牛がXX頭、馬がXX頭、羊がXX頭……」の記録よりも「A氏にXX円を貸した」の記録が先行したということになる。この場合の物財（牛、馬、羊等）はまずは手許にあるため、そうした意味では記憶の必要はなく、数を知りたい場合には数えればよいが、他方、債権は手許を離れたカネであるため、手許にないものはみることができないという意味において記憶の必要があり、また、みることができないものは数えることもできず、そうした意味でも記憶の必要がある。

さらにまた、証拠という面についても、記録は債権において意味をもつ。証拠の面は、むろん、他者の存在が前提となり、すなわち、証拠は他者（この場合は債務者）との関係においてこそ意味をもつからである[68]。

---

68　なお、取引の証拠を残すための記録については下記のものが興味深い。
　工藤『会計記録の基礎』第2章、第3章。

敷衍すれば、記録は記憶という面において債権の記録が物財の記録に先行し、また、証拠という面においてはまずもって債権の類いだけが対象として意味をもつ、ということである。かくて、いずれの面からみても、人名勘定が物財勘定に先行することとなる。

ただしまた、物財についても、牛が30頭、といった場合、あるいは、牛が10頭、馬が10頭、羊が10頭、といった場合なら、手許にあるそれを数えればよく、記録は不要かもしれないが、牛が3,000頭、あるいは、牛が1,000頭、馬が1,000頭、羊が1,000頭、といったことになると、手許にあるそれを数えるというわけにはゆかなくなり、記録の必要が生ずる。別言すれば、[数えるというわけにはゆかなくなった状態 = もはや手許にはない状態]ということだろう。

しかしながらまた、債権の記録における備忘の面と証拠の面をどう捉えるかについては、以上に述べられたものとは異なる、図4.1のような考え方もありえよう。

前述の捉え方との異同は①と②を峻別しているかどうかである。すなわち、①の場合は、既述のように、自分が忘れてしまわないように記録しておく、ということながら、他方、②の場合は、債務者に返済を求める際などに証拠となるように記録しておく、ということであって、このような記録は例えば取引先に対して「当社は貴社にXX円の売掛金がある」ということの証拠として示されることになる（なお、「債務の備忘記録……についてはなんともいえない」と前述したが、ただし、むろん、資金管理のための備忘と

図4.1　記録の目的別の生成順序と債権の記録の意味

管理のための記録 ｛ 債権の管理（備忘）――① / 物財の管理
↓
証拠のための記録―取引（債権）の証拠――②
↓
報告のための記録

して「Z氏にXX円を借りた」と記録しておくことはありうるし、また、証拠のための記録についても、債務者の側から「当社は貴社にXX円の買掛金しかない」ということの証拠として示されることもありえよう）。

ちなみに、取引の証拠を残すための記録については、まずは「中世後期にイタリアで登場する公証人」[69]がこれを行っていたが、「13世紀末から会計記録の担い手として公証人が退出し、その代わりに商人が自然に登場」[70]、「おそくともすでにルネサンス初期のイタリアにおいては、商人は自らペンをとって記録をおこなっていたことがうかがえ」[71]、「また、商人の主観的な記録が社会的信用を持ちえた理由についてであるが、その記録様式が公証人によるそれと類似していたためと思われる」[72]ともされる。①の場合は自分で記録すればよいが、②の場合は第三者（客観性）が必

69　同上、23頁。
70　同上、30頁。
71　同上、35頁。
72　同上、62頁。

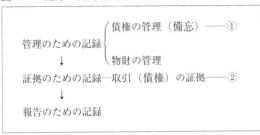

要となり、まずは公証人という「professional」[73]がこれをもたらした、ということになろうが、ただし、この引用文の執筆者自身は「商人自身による会計記録は、備忘のため、すなわち業務管理やとりわけ証拠機能のために勘定記録として生成した」[74]としており、備忘と証拠を峻別していない。

**記録と貨幣額**　先述のように、会計のプロセスは記録に始まり、また、会計の歴史は記録に始まり、すなわち会計は記録として始まった。

会計の記録は債権債務の記録に始まり、したがって、貨幣的記録として始まった。

次いで物財の記録が行われるに至るが、けだし、計算の必要がない限り、債権債務は「XX 円」ながら、牛や馬は「XX 頭」でも差し支えない。

しかしながら、やがて計算の必要が生ずるに至り、牛や馬も「XX 円」と記録されることとなるが、やはり「会計の計算は貨幣額を用いて行う」は公準（前提）とはいえないのではないか。前出の「日本一」のテキストは「選ばれた共通の尺度が貨幣額」という言い様をしていたが、しかしながら、「選ばれた」というより、計算のための共通の尺度は貨幣額を措いてほかになく、いや、共通の尺度を担うものはこれすなわち貨幣であって（この文脈においては「貨幣」をもって「共通の尺度」と定義してもよい）、

73　同上、23 頁。
74　同上、63 頁。

計算に用いることができるものはまずは額の尺度としての貨幣を措いてほかになく、したがって、「会計の計算は貨幣額を用いて行う」は自明というよりほかなく、有意に公準たりうるのは「会計の記録は貨幣額を用いて行う」ではないだろうか。

# 第 3 部　会計の基礎概念

# 第5章　基礎概念の定義とその意味

「資産」、「負債」、「資本」、「収益」、「費用」などといった会計の基礎概念の定義について、あるいは諸概念の定義の一貫性、あるいは定義と認識基準の異同などといった問題を考え、畢竟、「定義」とは何かをもって問う。

## 会計の基礎概念

概して簿記（ないし簿記論）ないし会計学[1]の入門的なテキストの類いには最初の辺りに「簿記の基礎概念」ないし「会計の基礎概念」といった章ないし節があり、「資産」、「負債」、「資本（and/or 純資産）」、「収益」、「費用」、および「取引」[2]といった諸概念について記述されてい

1　本章にいう「会計学」は多くの場合、狭義のそれである。すなわち、「簿記論」、「財務会計論」、「管理会計論」、「監査論」等の総称としての「会計学」ではなく、「簿記論」、「監査論」等と並列される「会計学」である。

2　行論の都合により、「取引」概念は本章においては割愛される。

る。なお、あえて「について記述」としたが、ここには、必ずしも定義ではない、ということが含意されている。「定義」は、概念の意味内容を明確に限定すること、といったように定義されようが、テキストの類いにおいて如上の諸概念は必ずしも明確に限定されているわけではない。

（定義に非ざる記述をも含む）定義の類いの具体例は次項以降において俎上に載るが、まずもって目に付くのは例示をもってする記述であって、しかしながら、例示はこれが意味内容の明確な限定たりえないことは言を俟たない。また、如上の諸概念は、けだし、定義の難易度に差が認められ、筆者とすれば、「収益」の定義はこれがなかなかに難しく、なおまた、そこには幾つかの論点が認められる。例えば一つには定義と認識基準の異同という問題があり、すなわち、定義と認識基準は異なるのか、ということであって、例えば「収益とは……をもって認識されるもののことである」といった記述は果たして定義なのか、といったことである。いま一つには諸概念の定義の一貫性の問題があり、すなわち例えば「収益」の定義と「費用」の定義はどのように平仄を合わせるべきか、といったことである。

## テキストのサーベイ

まずは定義の類いをあえて同一の著者の種々のテキストから引いてみよう。

會田義雄[3]の1976年刊の会計学のテキストには、どういうわけか、「負債」と「収益」についてのみ定義がある。

「負債とは、企業が将来、他人に対し資金、財貨、用役という経済的価値を提供しなければならない義務およびこれに準ずるものをいう」[4]。

「収益とは、企業の成果であり、あげた報酬である」[5]。

「資産」についてはこれを定義することなく貸借対照表上の資産の部が説明され、資産評価が説明され[6]、しかるのちに「資産

---

3　ここに會田義雄を取り上げる事訳の一つは彼が筆者の指導教授であったことである。会計学業界には、必要もないのに、例えば胡麻すりのために指導教授の著書等を引く向きが散見される。いや、胡麻すりのため、というのは、胡麻すりの必要があるから、ということかもしれないが、いずれにしても、會田の著書等を滅多に引いたことがない筆者とすれば、たまには素材に引いてみようか、といった素朴な理由がなくもない。また、會田の記述は概して些か緻密さに欠け、したがって、突っ込みどころが認められることから、俎上に載せやすい、ということもある。ちなみに、例えば山桝忠恕は筆者のいま一人の師であったが、彼の場合は或る意味において俎上に載せにくい。只管、揚げ足をとられないことに意を払っていた山桝の記述は、したがって、ときに冗長にして明快さに欠け、突っ込みどころを認めにくく、素材には用いにくい。

會田と山桝については下記のものを参照。

友岡賛『会計学の基本問題』2016年、1、311～316頁。

なお、如上の山桝が「中村君は気楽でいいねえ。簡単にいい切れて」とよく皮肉っていた中村忠（一橋大学）の記述は明快さに勝れ、會田の記述と同様、俎上に載せやすく、のちに本節に引かれる。

4　會田義雄『会計学』1976年、146頁。

5　同上、179頁。

本質論の系譜」[7]が些か論じられているが、最後まで同書による定義はなく、また、「資本」については「資本概念の多義的なこと」[8]が述べられたのち、「投資家重視の見地から出資資本を対象として研究する会計学ないし簿記論では、純財産ないし正味身代としての資本概念が尊重される」[9]とのみされ、なおまた、「費用」については定義の類いがない。

しかしながら、同じ會田の簿記のテキストは叙上の会計学のテキストとほぼ同時期（1979年）の刊行ながら、諸概念の定義を示している。

> 「資産とは、用役可能性（サービス・ポテンシャルズ）をもつものといわれるが、具体的には現金……を総称した概念である」[10]。
>
> 「負債とは、企業の債権者に対する持分といわれるように、仕入代金の未払分たる買掛金……を典型例とするが、このような具体的債務のほかに……をも含んだ概念を簿記では負債という」[11]。
>
> 「簿記上の資本とは、通常、積極財産（資産）と消極財産（負債）との差額たる正味財産を意味している」[12]。

---

6　同上、96、102、105～107頁。

7　同上、108～109頁。

8　同上、162頁。

9　同上、162頁。

10　會田義雄『簿記講義』1979年、8頁（(　) 書きは原文)。

11　同上、8頁。

「収益とは、財貨の販売またはサービスの提供によって生ずるものをいい、それは資本増加の原因となるもののうち、増資以外での原因となるものである」[13]。

「費用とは、収益を得るために生産的に費消された価値犠牲をいい、それは資本減少の原因となるもののうち、減資以外での原因となるものである」[14]。

さらにおよそ10年後に刊行された会計学の入門書と簿記の入門書はそれぞれ次のように定義の類いを示している。

「資産とは、現金・預金……のように、企業にとって有用な財または権利を総称する概念である」[15]。

「企業の債権者に対する持分といわれるものを総称して負債という」[16]。

「積極財産である資産から消極財産といわれる負債を差引いた差額を資本という。それは純財産、純資産額または正味身代ともいわれる」[17]。

「収益とは、財貨の販売またはサービスの提供によって生ず

12　同上、8～9頁（(　) 書きは原文）頁。

13　同上、10頁。

14　同上、10頁。

15　會田義雄「複式簿記の仕組み」會田義雄（編著）『教養会計学』1988年、9頁。

16　同上、9頁。

17　同上、9頁。

る金額をいい、たとえば……は収益勘定の典型例である」[18]。
「費用とは、収益を得るために生産的に消費された価値の犠牲分をいい、たとえば……などが費用の典型例である」[19]。

「資産とは、営業活動のための現金……という具体的財産および……という法律上の権利を総称する概念である」[20]。
「負債とは、一般に事業の債権者に対する請求権（持分）ともいわれるように、仕入代金の未払いを示す買掛金……が代表的なものである。このほか負債には、未払金……などがある」[21]。
「資本とは、資産（積極財産）から負債（消極財産）を差し引いた金額のことをいい……」[22]。
「収益とは、資本の運用によって生じる価値の流入をいう。それは資本の増加となるもののうち、増資以外の原因によるものをいう」[23]。
「費用とは、資本の運用過程において生じる価値の流出をいう。それは資本の減少となるもののうち、減資以外の原因によるものをいう」[24]。

---

18　同上、10頁。

19　同上、10頁。

20　會田義雄「基礎概念」會田義雄、會田一雄『簿記テキスト』1988年、20頁。

21　同上、21～22頁（（　）書きは原文）。

22　同上、22頁（（　）書きは原文）。

23　同上、23頁。

以上のうち、いずれが定義たりうるかについては議論もあろうが、例えば債権者の持ち分をもって負債とするのはトートロジーのような気がしなくもなく、また、果たして「収益とは……金額」なのだろうか、という疑義もある。さらにまた、「収益とは……資本の増加となるもののうち、増資以外の原因によるものをいう」ないし「費用とは……資本の減少となるもののうち、減資以外の原因によるものをいう」は些か明瞭性に欠け、けだし、「収益とは……資本の増加原因のうち、増資以外のものをいう」ないし「費用とは……資本の減少原因のうち、減資以外のものをいう」が適当だろうか。

いずれにしても、同一の著者が種々の定義の類いをもって示していること自体、なかなかに興味深い。

會田いわく、「中村忠《ちゅう》さんには「會田さんの本は逆立ちじゃないですか」っていつもいわれちゃうんだけど」。

會田のテキストは［貸借対照表 → 損益計算書］の順に書かれており、けだし、損益計算書をもって重視する中村忠《ただし》[25,26]の立場からすれば、「逆立ち」ということだろう[27]が、ただし、基礎概念の定義の類いについてはどうかといえば、會田のテキストは［資産 → 負債 → 資本 → 収益 → 費用］の順に書かれている

24　同上、23頁。

25　中村の会計学のテキストは［収益会計 → 費用会計 → 損益会計 → 資本会計］の順に書かれている（中村忠『新稿 現代会計学（9訂版）』2005年、vi～ix頁）。

26　注記3をみよ。

ものの、他方、中村のテキストはこれが［収益 → 費用 → 資産 → 負債 → 資本］の順に書かれているわけではなく、例えば簿記のテキストおいては下記のように［資産 → ］の順に書かれている。

「実際に営業活動を行っている企業をみると、現金・預金・商品のほかに……などがある。これらを簿記では資産という」[28]。

「また企業には、仕入先に対する商品代金の未払額とか……などがある。これらを簿記では負債という」[29]。

「資産の総額から負債の総額を差し引いた額が、その企業の純資産をあらわす。簿記では、この純資産のことを資本という」[30]。

「営業活動のうち、純利益を生じさせるプラスの要素……は、営業活動により資本の増加を生じさせるものであり、これを収益という」[31]。

「営業活動のうち、純利益を……減少させ……営業活動により資本の減少を生じさせるものを費用という」[32]。

---

27 少なくもわが国においては［資産負債アプローチ vs. 収益費用アプローチ］の議論が未だ繁くは行われていなかった頃のこうしたやり取りには些か興味深いものがある。

28 中村忠『新訂 現代簿記』1993 年、5 頁。

29 同上、5 頁。

30 同上、5 頁。

31 同上、10 頁。

「収益」と「費用」の定義に「資本」概念があり、「資本」の定義に「資産」概念と「負債」概念がある。したがって、「収益」と「費用」の前に「資本」について述べることを要し、「資本」の前に「資産」と「負債」について述べることを要する。初出の概念は説明を要し、その説明は既出の概念をもって行わなければならないからである（もっとも、その説明を未出の概念をもって行っている向きは少なくない。例えば「資本」はこれを未だ説明していないにもかかわらず、「収益」の説明において「収益とは資本の増加云々」とするような向きである）。

それはそうと、中村の簿記書においては「資産」も「負債」も例示に過ぎない。いわく、「これらを……という」。「過ぎない」と批判的な言い様をしてしまったが、しかしながら、批判はできないというべきか。本節の冒頭に述べたように、例示はこれが定義（意味内容の明確な限定）たりえないことは言を俟たないが、しかし、中村本人は例示をもって定義として示しているわけではない。定義を示していないことは批判できようが、例示それ自体は批判できるものではない。

他方、中村の会計学のテキストは以下のように「収益」と「費用」を説明、定義しており、前出の簿記のテキストとは異なり、これらの定義に「資本」概念は用いられていないが、ただしまた、「資産」、「負債」、および「資本」はこれらの語を随所に用いながらも、これらについて定義の類い、意味の説明はないままに終わっている。

*32*　同上、10頁。

「収益とは、企業が販売した財貨または提供した役務の対価をいう」[33]。

「“費用”という用語は、会計上いろいろの意味に使われており、明確な定義を下すことはむずかしいが、差しあたっては財貨または役務の消費された部分の価額をいう。……これに対し費用という語をもっと狭く解すれば、それは1期間の収益をあげるのに消費された財貨または役務の価額である」[34]。

もっとも、基礎概念の説明、定義は簿記のテキストに譲る、ということもありえよう。

学習・教育の行き方、順序については［簿記 → 会計学］とする向きも［会計学 → 簿記］とする向きもあろうが、けだし、［簿記 → 会計学］の方が多数派かもしれない。また、簿記と会計学のそれぞれについてテキストをものする場合、両者間の役割分担は考慮されてしかるべきだろうし、［簿記 → 会計学］の行き方が採られる場合には、基礎概念の説明、定義は簿記のテキストに譲る、ということになろうか。

例えば近年、まずは簿記のテキスト、次いで会計学のテキストを上木した中村文彦の場合、前出の中村忠の場合と同様、以下のように、簿記のテキストにおいてのみ、基礎概念のすべてについて説明している。

---

33　中村『新稿 現代会計学（9訂版）』41頁。

34　同上、61頁。

「資産とは、企業の所有する財貨や、債権等をいう」[35]。

「負債とは、仕入れの未払分や借入れ等、将来一定金額の支払いが必要となるものをいう」[36]。

「純資産とは、資産から負債を引いた差額をいう。正味資産ともいう。このうち、出資者の出資した分、および増加分を資本という」[37]。

「費用は、企業のビジネス活動において、純資産の減少を導く原因を示したものである」[38]。

「収益は、企業のビジネス活動において、純資産の増加を導く原因を示したものである」[39]。

「資産」の説明は例示であって定義とは看做しえないが、[簿記 → 会計学]とする場合、最初の最初（簿記の最初）から下掲のような定義は難解、ということから、あえて例示にとどめている、ということもありえよう。ただしまた、しかしながら、「費用は……純資産の減少を導く原因を示したもの」とされ、「収益は……純資産の増加を導く原因を示したもの」とされ、これらは例示にとどめられてはいない。なお、増減の「原因」ではなく、増減の「原因を示したもの」といった些かもって回った言い様も気になるが、まずはさて措く。他方、この簿記のテキスト「を学

---

35　中村文彦『簿記の思考と技法』2018年、10頁。

36　同上、10頁。

37　同上、10頁。

38　同上、16頁。

39　同上、16頁。

び終えた学習者を対象として想定し」[40]て書かれた会計学のテキストにあっては「資産」と「負債」についてのみ、下掲のような定義が示されている。

「資産とは、将来の収益の獲得に役立つ企業の経済的便益（経済的資源等）であり、貨幣額で合理的に測定されるもの、と定義される」[41]。

「負債とは、将来期間において支払等の経済負担により資産を減少させるものであり、貨幣額で合理的に測定されるもの、と定義される」[42]。

「貨幣額で合理的に測定されるもの」は必要か。「合理的に」の意味はさて措き、会計であるからには貨幣的測定は必要、ともいえようが、しかしながら、そうであれば会計上のすべての事項の定義にこの件《くだり》が必要ということとなってしまい、けだし、それは面倒臭い。会計であるからには必要、ということは、むしろ、「会計」の定義に譲るか、会計公準（貨幣的測定の公準）に任せるか。この件については「貨幣額により合理的に測定できないものはその資産性を認め難く、貨幣的に測定できない事象は会計の対象ではないということを意味する」[43]といったようにこれを説明

40　中村文彦『財務会計制度の論と理』2021年、ii頁。
41　同上、64頁（（　）書きは原文）。
42　同上、65頁。
43　岩﨑健久、平石智紀『レクチャー財務諸表論（第2版）』2022年、30頁。

する向きもあるが、しかしながら、「会計の対象」について語るのはやはり「会計」の定義ないし公準の役割というべきか。

ところで、前出の中村忠の場合、簿記のテキストにおいてのみ、基礎概念のすべてについて説明している、という点は中村文彦と同様ながら、実は簿記のテキストの方があとに書かれている。会計学のテキスト「の読者から簿記の書物を出して欲しい」[44]との要望があり、会計学のテキストの「姉妹編」[45]として書かれた、とはされているが、しかし、会計学のテキストの初版は1964年に刊行され[46]、簿記のテキストの初版は1985年に刊行されており[47]、会計学のテキストはこれが約20年後に刊行される簿記のテキストとの役割分担を考えて書かれ、すなわち、基礎概念の定義は（やがて書かれる）簿記のテキストに譲ろう、として書かれた、とは考えにくい。近い将来に書くつもりが、結局、20年も経ってしまったということもありえようが、「簿記の本を書く自信はなかったし、だいたい簿記にそれほど関心を持っていなかった」[48]というからにはそうではないだろう。もっとも、自著に非ざる簿記のテキストに学んだ学習者を念頭に置き、基礎概念の定義は「すでに多くの人によって書かれている」[49]簿記のテキストに譲ろう、として書かれた、ということも考えられようか。

---

44　中村『新訂 現代簿記』iv頁。

45　同上、iv頁。

46　中村『新稿 現代会計学（9訂版）』iii頁。

47　中村『新訂 現代簿記』ｉ頁。

48　同上、ｉ頁。

49　同上、iii頁。

いずれにしても、中村忠の会計学のテキストは「収益」と「費用」についてのみ、定義の類いを示し、他方、中村文彦の会計学のテキストは「資産」と「負債」についてのみ、定義の類いを示している。［資産負債アプローチ vs. 収益費用アプローチ］的な問題が潜在しているのだろうか[50]。

## どこまで説明すべきか

少しく脇道に逸れる。

もとより、執筆に際しては、どこまで説明すべきか、が常に難しい。どこまで説明すべきか、ということは、むろん、あるいは一般書、あるいはテキスト、あるいは学術書などといった書冊の性格によって規定され、別言すれば、読者の性格によって規定されることとなろうが、しかし、例えば一般書、すなわち一般の人々向けの会計書をものする場合にも、どこまで説明すべきか、は常に難しい。

そもそも、一般の人々、の捉え方が難しい。一般の人々（とやら）はどこまで知っているのか。筆者とすれば、例えば「減価償却」のごときはメルクマールの一つとも考える。「減価償却」という語を一般の人々は知っているのか。「減価償却」の意味も知っているのか。

また、書冊の性格は同じくとも、読者の性格の問題はもたらされる。例えば前出の［［簿記 → 会計学］vs.［会計学 → 簿記］］という学習・教育の行き方、順序の問題は、同じく会計学のテキストにおいても、簿記の既修者を読者とするか、それとも初学者

---

50　注記54をみよ。

を読者とするか、という読者の性格の問題をもたらす。

なおまた、どこまで説明すべきか、の問題は、どこまで知っているのか、ということに規定されるとともに、どこまで理解してもらえるか、ということに規定される。○○のことまで説明しなければならないのか、ということとともに、○○のことまで説明しても大丈夫なのか、ということがあるというわけである。

**基礎概念をめぐる論点**

閑話休題。

先述のように、けだし、「収益」の定義はなかなかに難しい。相方の「費用」は難しくないのか、と問われるかもしれないが、「費用」はまずは「収益」ありきの概念として捉えられ、既出の「収益を得るために生産的に費消された価値犠牲」といったような比較的明快、明瞭な定義っぽい定義を得ることができようが、他方、「収益」はなかなかに難しい。例えば「収益と収入とはどうちがうのか、費用と支出とはどうちがうのか」[51]といった問い掛けにおいても「費用」は「価値の犠牲にたいする支出」[52]といったような比較的明快、明瞭な捉え方ができ、ここに「犠牲」は「収益を得るため云々」を含意し、ここにおいてもまずは「収益」ありきということになろうが、他方、「収益と収入とはどうちがうのか」についてはいま一つ歯切れが悪い[53]。

「収益と収入とはどうちがうのか」はさて措き、けだし、「収

51　友岡賛『歴史にふれる会計学』1996年、179頁。

52　同上、181頁。

53　同上、178〜182頁を参照。

益」についての比較的明快、明瞭な定義は先述の「資本の増加原因」といった類いのものだろうが、その場合、「費用」の定義はどうあるべきか。「収益」と平仄を合わせて「資本の減少原因」とするか。あるいは「収益」はこれを「資本の増加原因」とし、その上でもって「費用」はこれを「収益を得るため云々」とするか。「費用」の定義としては「資本の減少原因」の類いよりも「収益を得るため云々」の類いの方が、という気がしなくもないが、そこには「費用」は「対応」概念をもって規定される概念、あるいは「対応」概念を要素とする概念との思いがある。「収益を得るため云々」の類いないしこれを含意する「犠牲」の類いは対応をもって含意するが、しかし、「収益」を「資本の増加原因」とし、「費用」を「資本の減少原因」とする場合、そこに対応の含意はない[54]。

もっとも、「費用」の定義をもって「資本の減少原因」とするか、はたまた「収益を得るため云々」とするか、とはいいながら、これは択一の問題ではないのかもしれず、例えば以下のような定義もある。

---

54　こうした平仄云々の問題は［資産負債アプローチ vs. 収益費用アプローチ］の論をもって説明されることが一般的と思われ、すなわち資産負債アプローチにあって「収益」、「費用」は資本の増加原因、資本の減少原因と定義され、収益費用アプローチにあって「収益」、「費用」は経済対価、価値犠牲といったように定義される、といったように概して説明されている（岩崎、平石『レクチャー財務諸表論（第２版）』23頁）が、しかしながら、筆者とすれば、［資産負債アプローチ vs. 収益費用アプローチ］の論自体に疑義がある。

「収益とは、企業の経済活動の成果であり、資本の増加原因となるものである」[55]。

「費用とは、企業が収益を得るために費やしたものであり、資本の減少原因となるものである」[56]。

これは筆者自身のテキストからの引用ながら、色々と思うところもある[57]。

「費用」について「資本の減少原因」ではものたりず、「収益を得るため」を併せ述べ、これに応じて平仄を合わせるべく、「収益」の定義に「経済活動の成果」を加えている。平仄は合わせられており、また、対応にも言及されており、過不及ない定義ともいえようが、ここにおいて本節の冒頭辺りに指摘された問題が想起される。（平仄の合わせ方の問題とともに指摘された）それは定義と認識基準の異同の問題であって、例えば「収益とは……をもって認識されるもののことである」といった記述は果たして定義なのか、といったことだった。

認識基準においては概して「発生」、「実現」、および「対応」という三つの概念が用いられ、ただし、これらの捉え方、位置付けについては種々の説がある[58,59]が、概して「対応」は費用の

55　友岡賛、福島千幸『アカウンティング・エッセンシャルズ』1996年、19頁。

56　同上、19頁。

57　注記54に言及された［資産負債アプローチ vs. 収益費用アプローチ］の論との関係をどう考えるか。

58　友岡賛『会計学原理』2012年、139～146頁。

認識基準にかかわる概念であって、叙上のような「対応」を要素とする「費用」の定義は定義と認識基準をもって綯い交ぜにする。「○○とは……であって（定義）、○○は……をもって認識される（認識基準）」といった関係（棲み分け）なのか、そうではないのか。

翻って、「資本の増加原因」ないし「資本の減少原因」については「名目勘定」概念との関係が気に懸かる[60]。名目勘定は損益計算書の勘定とされ、すなわち収益勘定および費用勘定とされ、損益計算書は（貸借対照表をもって表される結果に対する）原因を表すとされ、すなわち名目勘定は原因をもって表すとされる。

収益勘定と費用勘定については概して、これらが表すものは原因であって実在に非ず、したがって、「名目勘定」と称される、といったように説明されている[61]が、これらが原因を表し、名目勘定に分類される、ということと、収益および費用が「原因」をもって定義されることの関係はこれをどのように捉えるべきか。

なお、資本の増減と収益および費用の関係については（これは定義として示されているわけではないが）「利益勘定に記録される資本の増加は「収益」、資本の減少は「費用」云々」[62]といったように、「原因」の語はこれを用いることなく、原因を含意したような説明を行う向きもある。

---

59　第4部第7章および第8章を参照。

60　名目勘定については次章を参照。

61　原因と非実在の関係等について次章を参照。

62　川本淳、野口昌良、勝尾裕子、山田純平、荒田映子『はじめて出会う会計学（新版）』2015年、86頁。

「資産」概念については［①財産価値があるもの（担保財産たりうるもの）→ ②将来の費用 → ③［貨幣性資産 ＋ 費用性資産］ないし［非費用性資産 ＋ 費用性資産］ないし［貨幣性資産 ＋ 非貨幣性資産］→ ④サービス・ポテンシャルズ（将来の経済的便益）］といった概念論の変遷がみられ、静態論の①はさて措き、②は一元論、③は二元論、④は一元論といえようか。

まずは［静態論 → 動態論］の移行において、要は［債権者保護の観点から、債務の弁済に用いることができるものを資産とする考え方 → 期間損益計算の観点から、いつか費用になるものを資産とする考え方］といった移行がみられ、しかしながら、やはりすべての資産を費用性で捉えることには無理があって、③のような二元論が採用されるに至る。もっとも、資本の循環過程にあるものをもって資産とする、という意味においては③も一元論といえなくもないが、それはさて措く。その後、「サービス・ポテンシャルズ」とか、「将来の経済的便益」とかいった概念をもってする一元論が擡頭をみる。これらの概念は、一元論に拘りたい、一元論を作りたい、といった学者の色気はこれをとりあえずは満たすが、しかしながら、これらの概念はいずれも抽象度が高く、すなわち、一元論に拘ると、並《な》べて定義は漠としたものとなる[63]。

いまさらながら、「定義」とは何か。定義の役割は何か。一元論への拘りはともすると定義のための定義に繋がるが、ただし、筆者とすれば、強ちこれを否定するものでもない。

63　ただし、筆者とすれば、一元論の意義はこれを否定するものではなく、また、③の二元論は漏れ（例外）がある（貨幣性資産にも費用性資産にも該《あた》らないものがある）としてこれを批判する向きに賛同するものでもない。漏れのある二元論は漏れのない七元論ないし八元論ないし九元論に劣るのだろうか（友岡『会計学原理』159頁）。

如上の問題は「分類」とは何かの問題ともいえよう（友岡賛『会計学の考え方』2018年、123～125頁）。

# 第6章　名目勘定の意味

「実在勘定」および「名目勘定」の名をもって［実在勘定 vs. 名目勘定］と捉え、分類することの意味は奈辺にあるのか。この問いをめぐって思量する。

## 名目勘定

概して以下のように説明されようか。

勘定は［実在勘定 → 名目勘定］の順に生成をみ、実在勘定には人名勘定（人的勘定）と物財勘定（物的勘定）があり、まずは人名勘定が生成をみ、したがって、勘定は［人名勘定 → 物財勘定 → 名目勘定］の順に生成をみ、名目勘定の生成をもってすべての取引を二面的に把握することができるようになり、したがって、複式簿記の必要条件が充たされる。

名目勘定の生成前の世界を考えてみるに、例えば人にカネを貸したとか、あるいは商品を仕入れたといった取引の場合、［(借方) A 氏への貸付金　XXX／（貸方）現金　XXX］とか、あるいは［(借方）商品　XXX／（貸方）現金　XXX］といったように実在勘定（のみ）をもって二面的に把握することができようが、しかし、例えば使用人に賃金を支払ったという取引の場合には［(借方）？　XXX／（貸方）現金　XXX］となり、二面的に把握することができず、名目勘定の生成を待つこととなる。

さて、いまさらながら、そもそも名目勘定とは何か。

まずは辞典の類いをサーベイしてみよう（刊行順）。

「その勘定残高が各会計年度末に留保利益へ振替えられる勘定：このように呼ばれる理由は、この種の勘定が完了した取引または費消原価を示すからである：収益または費用勘定：実在勘定の反対語」[1]（エリック L. コーラー（Eric L. Kohler)）。

「実在勘定に対する概念であって、価値の入・出そのものではなく、価値の入・出の原因・種類・内容など名目的な事柄を示す勘定をさす。具体的には、収益勘定（ないし利益勘定）と費用勘定（ないし損失勘定）がこれに属する。収益・費用勘定は営業活動による資本の増加・減少を示し、それゆえ資本勘定の従属勘定・下位勘定である、と理解するのが一般的であるが、これは適当ではない。資本勘定は実在勘定の一つであり、収益・費用勘定は名目勘定であって、両者はその性格を根本的に異にするものだからである」[2]（安平昭二）。

---

1　コーラー／染谷恭次郎（訳）『会計学辞典』1973 年、331 頁。

「実在勘定に対する勘定概念で、具体的には損益勘定をさす。したがって、名目勘定は、費用勘定と収益勘定（もしくは損失勘定と利益勘定）の二つから成る。名目勘定という語が損益勘定に適用されるようになったのは、損益勘定が、実在勘定と異なって、実在価値を表示せず、たんに資本の増減を生ぜしめる名目的な原因事項を記録するために設けられる勘定であるにすぎないからである」[3]（谷端長）。

「企業に属する実在価値を示す実在勘定に対するもので、実在価値が増減する原因、種類、内容を名目的に示す勘定である。具体的には、損益計算書勘定すなわち収益勘定および費用勘定がそれである。収益および費用を、営業過程における資本の増減原因と考えると、収益勘定および費用勘定は資本勘定に従属するものと考えたくなる。しかし、資本勘定は実在勘定であり、その点は明確に区別せねばならない」[4]。

「収益勘定および費用勘定は、資産勘定、負債勘定および資本勘定より後に複式簿記機構に加えられた。対外関係の表示だけであれば、資産、負債、資本の各勘定のみで複式記入を

---

2　安平昭二「名目勘定」黒澤清（編集代表）『会計学辞典』1982年、820頁（（　）書きは原文）。

3　谷端長「名目勘定」神戸大学会計学研究室（編）『会計学辞典（第5版）』1997年、1168頁（（　）書きは原文）。

4　岡下敏「名目勘定」安藤英義、新田忠誓、伊藤邦雄、廣本敏郎（編集代表）『会計学大辞典（第5版）』2007年、1280頁。

完成することができる。しかし損益計算が必要となると、資本が増減する原因を示す勘定が必要となり、この段階で収益勘定および費用勘定が用いられることになった」[5]（岡下敏）。

「実在勘定に対比される勘定概念であり、具体的には収益・費用を記録する諸勘定をいう。……人的勘定と物的勘定を総称して実在勘定というが、これらの勘定で記録される財産変動の原因を記録する諸勘定、つまり、給料や支払手数料、受取利息などの収益・費用を記録する勘定を名目勘定という」[6]（中野常男）。

あるいは「価値の入・出の原因・種類・内容など名目的な事柄を示す」とされ、あるいは「名目的な原因事項を記録する」とされ、あるいは「実在価値が増減する原因、種類、内容を名目的に示す」とされているが、そもそも「名目的」とは何か。

**資本勘定**

また、名目勘定と資本勘定の関係、資本勘定の捉え方への言及が注目される。あるいは「資本勘定の従属勘定・下位勘定である、と理解するのが一般的であるが云々」（安平）とされ、あるいは「資本勘定に従属するものと考えたくなる。しかし云々」（岡下）とされているが、果たしていずれが通説か。

---

5　同上、1280頁。

6　中野常男「名目勘定」神戸大学会計学研究室（編）『会計学辞典（第6版）』2007年、1132〜1133頁。

「資本勘定の従属勘定・下位勘定」ないし「資本勘定に従属」とはどういうことか。例えば会計等式における勘定分類の論によれば、資本等式および貸借対照表等式にあって収益、費用は資本勘定の下位勘定と看做されることとなる[7]が、そうした意味か。

そもそも資本勘定は実在勘定なのか。

安平においては「資産勘定・負債勘定・資本勘定が実在勘定に属している」[8]とされ、谷端においても「前者（人的勘定）には、債権勘定・負債勘定・資本勘定があり、後者（物的勘定）には、債権以外の資産勘定がある」[9]とされ、岡下にあっても「人的勘定には債権勘定、債務勘定、資本勘定が含まれ、物的勘定には債権勘定を除く資産勘定が含まれる」[10]とされ、いずれも資本勘定をもって実在勘定と明記しているが、ただし、他方、コーラーにおいて実在勘定は「その残高が、次の会計年度に繰越される元帳勘定；すなわち貸借対照表項目；名目勘定と区別される」[11]とのみ説かれ、また、中野においては「前者（人的勘定）は債権債務関係を記録する諸勘定であり、後者（物的勘定）は債権以外の……有形・無形の資産を記録する諸勘定をいう」[12]とされ、意図

7　小林伸行「形式的な勘定分類からみた複式簿記の機能」瀧田輝己（編著）『複式簿記――根本原則の研究』2007年、81～82頁。

8　安平昭二「実在勘定」黒澤清（編集代表）『会計学辞典』1982年、436頁。

9　谷端長「実在勘定」神戸大学会計学研究室（編）『会計学辞典（第5版）』1997年、609頁。

10　岡下敏「実在勘定」安藤英義、新田忠誓、伊藤邦雄、廣本敏郎（編集代表）『会計学大辞典（第5版）』2007年、642頁。

11　コーラー／染谷（訳）『会計学辞典』409頁。

的に避けているのか、資本勘定への言及はない。

コーラーのように「すなわち貸借対照表項目」と規定されてしまえば仕方もないが、しかし、どうして資本勘定は実在勘定なのか。実在勘定の定義は安平においては「なんらかの意味で実体をもつもの（ないし実在価値）の有高・増加・減少を示す勘定」[13]とされ、谷端においても「実在価値をあらわす勘定」[14]とされ、岡下にあっても「企業に帰属する種々の実在価値を示す勘定の総称」[15]とされ、すなわち実在価値ということらしいが、しかしながら、果たして実在価値とは何か（なお、意図的に避けているのか、中野は実在勘定の定義を示していない[16]）。

ちなみになお、「ただ稀には、債権以外の資産勘定すなわち物的勘定だけを実在勘定という場合や学者もある」[17]とも、あるいは「ときとして、債権勘定を除く資産勘定だけを実在勘定ということもある」[18]ともされている。「稀には」なのか「ときとして」なのかも気になるが、それはさて措き、こうした、恐らく最狭義

---

12　中野常男「実在勘定」神戸大学会計学研究室（編）『会計学辞典（第6版）』2007年、593頁。

13　安平「実在勘定」436頁（（　）書きは原文）。

14　谷端「実在勘定」609頁。

15　岡下「実在勘定」642頁。

16　なお、中野は下記の大部（500頁超）のテキストにおいて実在勘定および名目勘定について説いている（7～9頁）が、しかし、ここにあっても各勘定の定義はなく、資本勘定への言及もない。
中野常男『複式簿記会計原理（第2版）』2000年。

17　谷端「実在勘定」609頁。

18　岡下「実在勘定」642頁。

の「実在勘定」の意味は奈辺にあるのか。束の間、[実在 = 有形]、すなわち可視のものかとも思ったが、物財勘定（物的勘定）は「債権以外の……有価証券……のれん、特許権などの有形・無形の資産を記録する諸勘定」[19] であって、むろん、[実在 = 有形] のはずもなく、「債権以外の資産勘定」を一つの範疇とすることの意味はやはり分からない。（いま一度）ちなみになお、「可視」ということについては名目勘定を「眼には見えない損益要素（生産要素）」[20] とし、実在勘定をもって「眼に見える財産要素」[21] とする向きもあり、この向きにおいては「実在勘定は眼に見える財産変動の「結果」を表現し、名目勘定はその背後に存する眼には見えない「原因」を表現する」[22] とされているが、むろん、これは「可視」の意味を異にする。

閑話休題。資本勘定は実在価値（とやら）を表しているのか。果たして実在価値とは何か。「実在価値」において「実在」と「価値」はいずれが主役か。概して「名」の vs. は「実」であって、したがって、「名目」の vs. は「価値」ではなく、「名目」の vs. は「実在」となろうが、さすれば名目はすなわち非実在ということか（これについては後述）。

しかし、やはり実在価値とは何か。価値が実在する、価値がある、ということか。そもそも「価値」という概念は胡散臭い[23]。

---

19　中野「実在勘定」593 頁。

20　全在紋「「複式簿記」認識の時代錯誤について」『桃山学院大学経済経営論集』第 62 巻第 4 号、2021 年、120 頁（（　）書きは原文）。

21　同上、120 頁。

22　同上、120 頁。

他方、例えば斎藤静樹によれば、「文献上……名目勘定は資本勘定を含まない利益の勘定とされることが多い。さりとて正味資産である資本勘定が実在勘定に含められるわけでもない」[24]とされる。

**名目勘定の意味**

概して名目勘定は原因を表すとされ、名目勘定をもって二面的把握（複式簿記の要件）が成立するとされ、例えば次のようにもいわれる。

「単式簿記なら、ビジネスにおける損益の「結果」しか分からない。しかし、複式簿記なら損益の結果のみならず、その「原因」まで明らかとなる。複式簿記により示される数値を読み取れば、ビジネスの成功は間違いない。失敗しそうな時も、逃げ遅れないですむ」[25]。

原因をもってどうして「名目」と称するのか。むろん、「名目」の語には表面上・表向きの理由、口実といった意味もあり、「理由」は「原因」に近くもあるが、けだし、「名目」の意味は「表

---

23　例えば下記のものを参照。
白木俊彦「複式簿記と測定の原則」瀧田輝己（編著）『複式簿記——根本原則の研究』2007年、130～131頁。

24　斎藤静樹「会計測定のシステムと名目勘定の役割」『會計』第198巻第2号、2020年、84頁。

25　全在紋「「複式簿記」の文脈的意義について」『桃山学院大学環太平洋圏経営研究』第22号、2021年、21頁。

面上・表向き」にこそある。名目勘定の「名目」は果たして「表面上・表向き」か。さに非ず、ということなら、やはり実在に非ずゆえの「名目」か。原因ゆえの「名目」ではなく、実在に非ずゆえの「名目」か。

原因については次のようにもいわれる。

> 「複式簿記と単式簿記との最も基本的な相違は……「財産の変化が他の変化と無関係に独立に記録されるか、あるいは、因果関係によって他の変化と結び付けられるのか」[26]（徳前元信）否かである。つまり、複式簿記とは、発生した一つの取引における財産等の増減変化を、因果関係等に基づいて、その原因や結果としての他の変化と結び付け、二面的に把握し、それに基づいて二面的な記録としての仕訳を行う技術である」[27]。

徳前稿は「因果関係」としているところを引用者（岩崎勇）は「因果関係等」としている点が留意されようが、二面的把握はすべて因果関係なのか。そうであれば、［（借方）賃金　XXX／（貸方）現金　XXX］のみならず、［（借方）貸付金　XXX／（貸方）現金　XXX］も、あるいは［（借方）商品　XXX／（貸方）現金　XXX］も因果関係として捉えられ、すなわち商品（物財）

26　徳前元信「複式簿記の基礎的考察――会計と簿記の関連性から」『會計』第192巻第3号、2017年、18頁。

27　岩崎勇「簿記の意義と特徴」岩崎勇（編著）『AI時代に複式簿記は終焉するか』税務経理協会、2021年、5頁。

と現金（物財）の交換もまた因果として捉えられ、すなわち商品を仕入れたことをもって現金流出の原因と捉えることとなり、したがって、名目勘定は原因を表す、といった言い様はこれがおよそ無意味となる。

もっとも下記のような史実に鑑みれば、名目勘定は原因を表す、という説明は単なる後付けに過ぎないということか。

> 「それが誕生した当初、否18世紀に至っても、かかる勘定（名目勘定）群は、「人名勘定」と「物財勘定」だけでは足りない相手勘定を補い、貸借同一金額による「取引」の完全な貸借複記を可能とするための「仮想勘定」（または「擬制勘定」）と位置づけられていたにすぎない」[28]。

ただしまた、他方、この「仮想勘定」（ないし「擬制勘定」）はこれを埋め草（余白を満たすもの・空いたところや欠けたところを埋め補うもの）として捉えることができ、しかし、埋め草はやがて摘要欄（取引の内容が分かるように記すメモ書きの欄）のような役割を担うに至った、という理解はどうか[29]。そうした場合にも後付けということになるのだろうか。

あるいは、名目勘定が何かを表す、といったことにはおよそ言及することなく、「名目勘定」という呼称について次のように説

---

28　中野常男「複式簿記の基本構造とその成立過程」中野常男（編著）『複式簿記の構造と機能――過去・現在・未来』2007年、9頁（二つめの（　）書きは原文）。

29　この辺りは木村太一氏（多摩大学）との議論に負っている。

く向きもある。

「以上の手続き（損益勘定への集約・整理）の結果、いっさいの費用勘定と収益勘定、さらにまた損益勘定と繰越利益勘定とは、それらの残高がけっきょくは未処分利益勘定に振り替えられ吸収されてしまうところから、次期に残高を繰り越すことなく、いったんは自動的に消滅してしまう運命のもとにある。それらの勘定を名目勘定とよぶことがあるのも、そのためである」[30]。

そういえば、コーラーにおいても「その勘定残高が各会計年度末に留保利益へ振替えられる勘定」とされていた。

また、（叙上のように後付けに過ぎないかもしれないとはいえ）概して原因を表すとされる名目勘定ながら、ときに必ずしも原因に限られることはなく、先に引かれた辞典の類いにおいても「価値の入・出の原因・種類・内容など名目的な事柄を示す」（安平）とされ、あるいは「実在価値が増減する原因、種類、内容を名目的に示す」（岡下）とされ、これらには前述の「摘要欄のような役割」に近いものがあり、なおまた、岩崎によれば、下記のように「純資産（資本）の内訳勘定」ともされる。

「この場合（複式簿記の場合）、すべての取引を網羅的に帳簿

30　山桝忠恕『複式簿記原理（改訂版）』1976年、208頁。

に記入するための受け皿として……実在勘定である貸借対照表項目勘定（資産・負債・純資産項目勘定）と、純資産（資本）の内訳勘定である名目勘定としての損益計算書項目勘定（収益・費用項目勘定）の双方が必須なものとなる」[31]。

「純資産（資本）の内訳勘定」という捉え方には前出の「資本勘定の従属勘定・下位勘定」ないし「資本勘定に従属するもの」に通ずるものも看取されようが、「資本勘定の従属勘定・下位勘定である、と理解するのが一般的であるが」とした安平も、あるいは「資本勘定に従属するものと考えたくなる。しかし」とした岡下も、資本勘定はこれが実在勘定であることをもって資本勘定への従属を否定しており、他方、岩崎は純資産（資本）を実在勘定と捉えつつ、名目勘定を「純資産（資本）の内訳勘定」としている。

ちなみに、純資産については、そもそも純資産は勘定に非ず（純資産勘定というものがあるわけではない）とし、したがって、純資産は実在勘定に非ず、とする向きも存するが、しかし、この向きの吟味は、そもそも何をもって勘定とするか、の論を俟たなければならず、まずはさて措く。

他方、差額であることをもって、実在勘定に非ず、とする行き方はどうか。資本ないし純資産は差額だから実在ではない。差額にして実在たりうるのはあくまでも借方（に実在する純資産）で

31　岩崎「簿記の意義と特徴」4頁（二つめ以降の（　）書きは原文）。

あって貸方は実在に非ず、とする行き方はどうか。

他方、資本をもって実在勘定と認める行き方としては、負債と同等視する、というものが考えられようが、ところで、そもそも負債はどうして実在勘定なのだろうか。負債はマイナスの実在価値、ということか。「資本勘定は資産と同じく財の勘定であり、負債と同じく消極財の勘定である」[32]といった捉え方か。実体・名目二勘定系統説を説く安平[33]によれば、実体勘定（実在勘定）は価値を示すものにしてプラスの価値を示すものとマイナスの価値を示すものから成り、後者は将来において貨幣・財貨・用役の出をもたらすものに関する勘定とされ、具体的には負債勘定と資本勘定が挙げられる[34]。あるいはまた、債権債務の備忘記録たる人名勘定がまずあった、というだけのことか。債権債務の備忘記録たる人名勘定がまずあって、次いで生成をみた物財勘定とともに括られた、というだけのことか[35]。

ちなみに、人名勘定といえば、勘定の分類において［人名勘定 vs. 非人名勘定］という捉え方をする向きもあり、この場合、非人名勘定は物財ならびに費用および収益の勘定から成り[36]、すなわち如上の括りはない。

---

32　斎藤「会計測定のシステムと名目勘定の役割」86頁。

33　石田万由里「安平昭二と実体・名目二勘定系統説」上野清貴（編著）『日本簿記学説の歴史探訪』2019年。

34　同上、210頁。

35　注記29に同じ。

36　井上達雄『例解会計簿記精義（新版）』1976年、31〜32頁。

### 「名目」の意味と対概念

いまさらいうまでもなく、実在勘定と名目勘定は vs. の関係にあるものとして捉えられているが、前述のように、実在の vs. は非実在であることから、「名目」は非実在を意味すると捉えると、例えば、純資産も名目ではないか、ともされよう。前項に言及されたように、「純資産」はあくまでも差額概念であって、したがって、純資産は非実在、すなわち名目、ということである。

しかし、概して名目勘定は原因を表すとされる。しかし、実在の vs. は原因ではなく、また、原因の vs. は結果だろう。

表 6.1 の①と②はいずれが適当か。言葉としては非実在をもって「名目」と称することには余り違和感がなく、したがって、①の場合には［名目勘定 vs. 実在勘定］にも余り違和感がないが、一方、原因を「名目」と称することには抵抗がある。前述のように、「表面上・表向き」が引っ掛かる。

例えば純資産は［名目 ＝ 非実在］とした場合には名目となるが、［名目 ＝ 原因］とした場合には名目とはならない。差額としての純資産は「名目」と称されるに相応しくもあるが、純資産を積極的に捉えてその中身をみれば、払込資本は、前述のように、これを負債と同等視する、という行き方がもたらされ、すなわち払込資本は借入金と同様、債務として捉えることができ、したがって実在として捉えられる。

表 6.1 「名目」の意味と対概念

| | 「名目」の意味 | 対概念 | vs. 関係 |
|---|---|---|---|
| ① | 非実在 | 実在 | 非実在勘定 vs. 実在勘定 |
| ② | 原因 | 結果 | 原因勘定 vs. 結果勘定 |

ちなみになお、会計主体論と関係付けていえば、［資産 − 負債 = 資本（純資産）］という資本等式が採られる資本主説の場合、純資産は差額として捉えられようが、他方、［資産 = 負債 + 資本］という貸借対照表等式が採られる企業主体説の場合、払込資本も借入金も同様に捉えられよう。

一方、②については、貸借対照表項目は結果勘定、損益計算書項目は原因勘定、とすれば、すっきりと落着はする。

**斎藤の説**

以上、本節は名目勘定の意味について思量し、また、資本勘定をもって実在勘定とする向きを些か否定的にみてきたが、他方、資本勘定を名目勘定とする向きもないわけではない。

例えば既出の斎藤によれば、まずは「識別可能な財のクラスと対応する……勘定を、実在勘定と呼ぶ」[37] とされ、「一つの取引を構成するフローの測定値が相殺しあって差額を残さなければ、その取引の実在勘定データも正負が均衡して完結し、利益や資本に影響を及ぼさない」[38] が、「しかし均衡せずに差額が残る取引では云々」[39] とされ、そこに名目勘定の役割があるとされる。すなわち「この勘定（名目勘定）は取引の実在勘定データが生み出した不均衡の正負を逆にして吸収し、取引ごとに測定値を均衡させる」[40] とされ、かかる測定値の均衡はこれを「貸借同一金額」と

37　斎藤「会計測定のシステムと名目勘定の役割」84 頁。

38　同上、84 頁。

39　同上、84 頁。

40　同上、84 頁。

換言すれば、前出の「貸借同一金額による「取引」の完全な貸借複記を可能とするための「仮想勘定」」といった捉え方と大差なくもみえようが、しかしながら、この「この勘定は……取引ごとに測定値を均衡させる」という件は「均衡させるとともに云々」と続く。いわく、「均衡させるとともに、正味資産の変動を複式記録のシステムに顕在化させて利益を資本と切り分ける操作を可能にする」[41]。

しかし、前に引かれたように、「文献上……名目勘定は資本勘定を含まない利益の勘定とされることが多い」とされ、しかし、これも前に引かれたように、「さりとて正味資産である資本勘定が実在勘定に含められるわけでもない」とされ、「名目勘定は利益と資本を包摂しながら、両者を区分して利益を測定する勘定でなければならない」[42]と結ばれる。

敷衍するに、斎藤においては「測定の道具となる実在勘定と、測定の対象をとらえる名目勘定」[43]といった捉え方がなされ、「利益や資本という観察不能な量的概念が、測定可能な資産・負債のフローやストックと結びついて操作性を付与されてい」[44]るという点が留意され、かくて斎藤は名目勘定軽視の現況をもって問題視している。

---

41　同上、84 頁。

42　同上、85 頁。

43　同上、88 頁。

44　同上、87 頁。

### 「名目勘定」のレーゾン・デートル

思量すればするほど、「実在勘定」および「名目勘定」の名をもって［実在勘定 vs. 名目勘定］と捉え、分類することの意味が分からなくなってきた。

「貸借対照表項目勘定」および「損益計算書項目勘定」の名をもって［貸借対照表項目勘定 vs. 損益計算書項目勘定］と捉え、分類し、前者は結果を表し、後者は原因を表す、とすればよいだけのことか。「実在勘定」および「名目勘定」の名をもってする分類は捨てることができるものか。ただし、例えば「例えば、「実体勘定・名目勘定」という分類と「ストック勘定・フロー勘定」という分類とは、異なった視点に基づく分類であることは明らかである」[45]ともいわれるように、［実在勘定 vs. 名目勘定］と［貸借対照表項目勘定 vs. 損益計算書項目勘定］は意味をもって同じくしない。

会計学が長く（それなりに）拘ってきた［実在勘定 vs. 名目勘定］をもって捨てることは斯学の何かを捨てることになるのか。

いずれにしても、けだし、存在するものにはおよそ（いや、必ず）何かしらのレーゾン・デートルがある。

「名目勘定」という概念のレーゾン・デートルは奈辺にあるのか。

そもそも分類とは何か。分類というものの意義から再考すべきだろうか[46]。

---

45　小林「形式的な勘定分類からみた複式簿記の機能」77頁。

46　下記のものを参照。
友岡賛『会計学の考え方』2018年、123～125頁。

# 第4部　会計における諸原則

# 第7章　対応原則と発生主義

対応原則の役割ないし位置付けを主として発生主義との関係において思量し、また、「今日の会計は発生主義会計である」といわれ、どうして「今日の会計は対応原則会計である」とはいわれないのか、などといったことを考える。

## 対応原則の意義

「費用収益対応の原則」と称され、あるいは単に「対応原則」と称される原則の意義《significance》は奈辺にあるのか。

あるいは「現金主義会計と比べた場合の、発生主義会計の最大の長所……の基礎をなすのが対応原則」[1] とされ、あるいは「損益計算書……の原理的前提の費用収益対応の原則」[2] とされ、あ

1　桜井久勝『財務会計講義（第22版）』2021年、75頁。

2　星野一郎『詳解 財務会計論――制度と慣習と政策のルール』2020年、464頁。

るいは収益費用アプローチにあって費用収益の対応は「会計の中心的手続き」[3]とされる。「最大の長所」、「原理的前提」、「中心的手続き」とはどういうことか。

ところで、この原則の意義《meaning》はといえば、例えばテキストの類いをサーベイしてみるに、「費用収益対応の原則とは云々」といった定義の類いは意外なことに少なく、例えば「努力（費用）と成果（収益）に対応関係または因果関係があるという前提で損益計算を行うべしとする考え方」[4]といった定義は些か分かりにくく、また、些かトートロジーのようでもある。他方、例えば「期間収益との対応を通じて費用の期間帰属を決定することを要請した原則」[5]といった定義は「費用と収益の対応といっても、費用に収益を対応させるのではなく、収益に費用を対応させる点に特徴がある」[6]とされるこの原則の「特徴」をもって明示している。「この原則（対応原則）の背景には、費用を「収益の附属物」とみなす会計観、すなわち期間費用が期間費用たりうるのはそれが期間収益との対応関係を持つからであるという会計観があり」[7]、「こ

---

3　佐藤信彦「引当金・準備金会計制度研究の意義」佐藤信彦（編著）『引当金・準備金制度論——会計制度と税法の各国比較と主要論点の考察』2021年、3頁。

4　広瀬義州『財務会計（第13版）』2015年、27頁（（　）書きは原文）。

5　藤井秀樹『入門財務会計（第2版）』2017年、134頁。

6　伊藤邦雄『新・現代会計入門（第4版）』2020年、218頁。

7　藤井『入門財務会計（第2版）』135頁。

の会計観は、収益費用アプローチの基本的な考え方」[8]とされ、あるいはこうした会計観「の代表的なるもの」[9]とされるW. A. ペートン（W. A. Paton）とA. C. リトルトン（A. C. Littleton）の『会社会計基準序説』（*An Introduction to Corporate Accounting Standards*）[10]は「なによりも費用収益対応の原則を強調する」[11]と評され、したがって、叙上のように収益費用アプローチにあって「中心的手続き」とされる費用収益の対応は他方、資産負債アプローチにあっては「資産・負債の副次的把握手段」[12]とされる。

## 対応原則と発生主義会計

けだし、この原則においてまずもって重要な論点は発生主義会計との関係だろう。

発生主義会計はこれすなわち費用収益対応会計なのか。あるいは発生主義だけでは対応はないのか。対応は発生主義のなかにあるのか。あるいは対応は発生主義のそとにあって発生主義を支えているのか。発生主義と対応原則、この二つで一揃い《セット》なのか。

例えば「経済価値の消滅を費用として、経済価値の創造を収益として、費用と収益との対応関係を反映した損益計算を行おうと

---

*8*　同上、135頁。

*9*　岡本愛次「費用収益対応の原則」『彦根論叢』第34号、1956年、262頁。

*10*　注記*58*をみよ。

*11*　山桝忠恕『アメリカ財務会計』1955年、62頁。

*12*　佐藤「引当金・準備金会計制度研究の意義」3頁。

するのが、発生主義会計ということになり……したがって発生主義会計は、収益と費用の対応という観念を有している」[13]ともされているが、これは「発生主義会計はこれすなわち費用収益対応会計」に近い捉え方か。

あるいは「費用は発生主義で認識される。しかし、費用収益対応の原則を忘れてはならない。2つの原則がそろって初めて、すべての費用を認識することが可能になる」[14]ともされ、ここにおいては発生主義のみをもっては漏れてしまう［(借方) ○○引当金繰入　XXX／(貸方) ○○引当金　XXX］といった費用の認識のことが念頭に置かれており、これはまさに「この二つで一揃い」にほかならないが、他方、「費用は、発生主義にもとづいて認識される。しかし、こうして把握された費用は、そのまま損益計算書という大舞台へあがることはできない。そこへたどりつくには、もう1つの関門を突破しなければならない。その関門とは、費用と収益のマッチング（対応）という手続きである」[15]ともされ、ここにおいては、例えば未販売製品の製造原価における既発生の材料費、労務費、経費といった発生主義のみをもっては費用（期間費用）となってしまう[16]ものが念頭に置かれているが、これまた「この二つで一揃い」ということか。

あるいは「現金主義には致命的な欠陥が内在する。なぜなら、

---

13　齋藤真哉『現代の会計』2020年、127頁。

14　伊藤『新・現代会計入門（第4版）』212頁。

15　同上、213頁（(　) 書きは原文)。

16　この「しまう」には、むろん、費用（期間費用）ではないにもかかわらず、ということが含意されている。

特定の会計期間にあげた収益が当該期間の努力（費用）の効果でないことがあるからである。費用収益対応の原則の観点からすると、これは致命的な欠陥である」[17]とされ、「こうした欠陥を克服するために開発された認識基準が発生主義である」[18]とされ、他方、「発生主義という認識基準は、その定義的特性から、元来が期間損益計算を合理的におこなうために考案されたものであり……そこでは、費用収益対応の原則に適合するように、おもに費用の期間配分を適切に遂行することが意図されている」[19]ともされているが、こうした場合の両者の関係はどのようなものか。「の観点からすると」ないし「に適合するように」といった言い様からすると、むしろ、対応原則が上位にあるともいえ、あるいは「発生主義会計はこれすなわち費用収益対応会計」ということか。

**費用配分と対応**　対応原則は屢々費用配分の原則との関係において論じられる。

例えば中村忠によれば、「通説によれば、費用配分の原則は資産の費用への転化を根拠づけ、そのあと期間的費用を決定するのが対応原則であると説明され……つまり費用配分の原則により費用の第1次的把握が行なわれ、次に対応原則により費用の第2次的把握が行なわれるという」[20]とされる。すなわち、「実現主義や

---

17　星野『詳解 財務会計論』436頁（（　）書きは原文）。
18　同上、436頁。
19　同上、437頁。

発生主義は……認識の基準」[21]とされ、他方、「費用配分の原則は、費用の測定にかかわる基本的思考」[22]とされ、この「費用配分の原則は、費用性資産の取得原価を……適当な方法で各事業年度に配分すべきことを要求するが、これによってただちに期間費用が決定されるとは限らない」[23]ため、「発生費用のうち消滅費用になった部分を切りはなす第2次の費用配分が必要となる」[24]とされ、「費用収益対応の原則が第2次の費用配分すなわち利益決定の基準であることは異論のないところである」[25]とされ、如上の説において費用の認識プロセスは［発生主義 → 対応原則］として捉えられることになるとされる[26]。

しかしながら、如上の通説に異を唱える中村は「すべての費用を発生主義によって把握することはできないと考え」[27]、費用の認識プロセスを［発生主義 + 対応原則 → 対応原則］として捉え[28]、いわく、「一般には対応原則といえば第2段階で作用するものと説明されている。しかし第1段階で作用する点を見のがしてはならない」[29]。「適正な期間損益計算を行なうには、まだ財貨

20　中村忠「費用配分の原則と費用収益対応の原則」『産業經理』第40巻第12号、1980年、65頁。

21　同上、63頁。

22　同上、63頁。

23　同上、63頁。

24　同上、63頁。

25　同上、63頁。

26　同上、63～64頁。

27　同上、64頁。

28　同上、64頁。

または役務が実際に消費されていなくても、費用を見越し計上する必要があ」[30]るが、「発生主義を消費主義と規定する限り、このような費用計上を根拠づけるものは発生主義ではない」[31]とされる。

他方また、阪本安一によれば、「費用は発生主義によって計上せられ、先ず費用配分の原則によって期間的計上額の配分をうける。ところが収益は実現主義によって、期間的割当てが確定する。そこで収益は、これに要した費用の発生の時よりも遅れて実現するのが普通であるから……費用と収益との間に、期間的ズレが生ずることになる」[32]とされ、この「期間的ズレ」の解消のための「費用の再配分の基準を示すものが、費用収益対応の原則である」[33]とされる。「換言すれば、費用収益対応の原則は、計算の確実性と正確性とを同時に達成するために、収益認識の上における実現主義と、費用認識の上における発生主義とを調和せしめる作用を営むものである」[34]とされ、「費用配分の原則の働きによって、一旦期間的費用として配分をうけた費用は、費用収益対応の原則によって再検討を加えられ」[35]るとされ、「費用配分の原則は、時

29　同上、64頁。

30　同上、64頁。

31　同上、64頁。

32　阪本安一「費用配分の原則と費用収益対応の原則」『會計』第67巻第6号、1955年、38頁。

33　同上、39頁。

34　同上、39頁。

の経過、財の消費量、残留量などを基準として費用を配分する原則であるが費用収益対応の原則は、収益を基準として、期間費用を最終的に確定する原則であるというべきである」[36] と結ばれる。

対応原則によって「確実性と正確性」がもたらされるとはどういうことか。これについては「損益計算を正確に行うためには……発生主義による認識手段がとられなければならない」[37] とされる一方、「しかしながら収益に対して発生主義の原則を適用することは、計算を不確実にすることが多い。……収益の計上に対して実現主義が原則として採用せられる所以である」[38] とされ、すなわち、発生主義はこれが正確性をもたらし、実現主義はこれが確実性をもたらし、この二つの主義を「調和せしめる」対応原則は、したがって、「確実性と正確性」をもたらすということらしいが、ただし、阪本は「期間的実現収益と期間的発生費用とを、そのまま比較対象したのでは正確な損益計算ができないから、費用収益対応の原則を援用して云々」[39] とも述べている。

いずれにしても、阪本説にあって「再配分」ないし「再検討」を役割とする対応原則は、けだし、したがって、中村のいう第2段階に位置付けられている。

ところで、阪本のいう「再配分」については「かかる再配分

35 同上、39頁。
36 同上、40頁。
37 同上、38頁。
38 同上、38頁。
39 同上、36頁。

……は、損費を実現収益に対応するもののみに限定し、又は対応するものは之を附加し、損益計算書上に計上すべき最終的の損費を得るためのものであるから、損費も実現主義により計上されると云うべきである。発生による計上はその把握の暫定的手続であるに過ぎない」[40]と解釈する向きもあり、「かくて、損益計算は、最終的には、収益、損費共に実現主義により行うべきことになる」[41]ともされているが、果たしてこれはどういうことか。「損費も実現主義により」とはどういうことか。

実現収益との対応関係をもって認識される費用、別言するに、実現主義によって認識される収益に依拠して認識される費用は、したがって、これも実現主義によって認識されている、ということか。対応原則を通じて間接的に実現主義によっている、ということか。あるいは、こうした費用はこれも実現したものとして、実現費用として捉えられるのか。実現収益と実現費用という場合、或る意味において対応原則は要らなくなるのか。なお、如上の捉え方により、実現をもって収益を認識する「損益計算は実現主義会計である」[42]とする向きもあり、「現金主義会計に対比される発生主義会計はさらに実現主義会計と純正な発生主義会計とに細分されるべき」[43]ともされる。

---

40　中村謙「真の見越と真の繰延――費用収益対応の原則に関連して」『福岡大学商学論叢』第5巻第2号、1960年、186～187頁。

41　同上、187頁。

42　植野郁太「損益会計」飯野利夫（責任編集）『体系近代会計学［第2巻］　財務会計論』1985年、128頁。

43　同上、128頁。

また、「暫定的手続であるに過ぎない」とされる発生の意義は奈辺にあるのか。けだし、発生主義の意味するところは、現金主義に非ず、ということであって、発生主義はまずは非現金主義として、あるいは非現金主義としてこそ意義をもつのだろう[44]が、［現金主義 ＜ 実現主義 ＜ 発生主義］ないし［現金主義 ＞ 実現主義 ＞ 発生主義］といった認識の早さないし確実性の並びにおいてまずは［現金主義 → 発生主義］と移行をみたものが、しかし、［実現主義 ← 発生主義］と戻ることが留意されよう。こうした戻りについては次章にて「トレードオフ」ないし「妥協ないし折衷」の問題として論じられることとなるが、例えば「期間損益における業績表示性と処分可能性はトレードオフの関係にあることが多い。業績表示性を極端に追求すると、完全な発生主義を費用、収益ともに適用することも考えられる。しかしこのような認識基準で計算された期間利益には、処分可能性が欠如している蓋然性がある」[45]とされ、vice versa《逆もまた同様》とされ、すなわち「処分可能性を極端に追求すると、完全な現金主義を採用云々」[46]とされ、こうした「トレードオフ」が［実現主義 ← 発生主義］という戻りをもたらし、阪本説によれば、かくて至った実現主義が「再配分」のために対応原則を求めるということか。

---

44　発生主義ないし非現金主義について下記のものを参照。
　友岡賛『会計学はこう考える』2009年、93、98～101頁。
　友岡賛『会計学原理』2012年、120～122頁。

45　星野『詳解 財務会計論』466頁。

46　同上、466頁。

閑話休題。さて、対応原則をめぐる考察の手掛かりに、中村のいう通説、中村説、および阪本説の異同を考えてみるに、費用の認識プロセスにおいて中村のいう通説は［発生主義 → 対応原則］であって、また、中村説は［発生主義 ＋ 対応原則 → 対応原則］ということだったが、叙上のように対応原則が第2段階に置かれる阪本説は中村のいう通説に該ると思われ、「期間的割当額は発生主義によって認識せられ……発生した費用について、その期間的割当額を決定する基準を定めるものが、費用配分の原則」[47]とされるように、かかる通説の第1段階は発生主義をもって認識され、費用配分の原則をもって測定されることとなる。こうした阪本説と中村説の異同は例えば既出の「見越し計上」に見受けられ、既に引かれたように「このような費用計上を根拠づけるものは発生主義ではない」とする中村はその根拠を対応原則に求め、その具体例に修繕引当金を挙げている[48]が、他方、阪本説においては「将来における支出見込額は確定しないけれども、現実に費用の発生が認識せられる場合に計上する修繕引当金」[49]等をもって「費用配分の原則の一適用面」[50]としている。

しかしながら、如上の異同は「発生主義」概念の異同、すなわちこの概念の広狭によるものであって、中村によれば、「たとえば修繕引当損の計上を、まだ修繕が行なわれていないのであるから、発生主義にもとづくものではないというのが私の見解である

---

47　阪本「費用配分の原則と費用収益対応の原則」29頁。

48　中村「費用配分の原則と費用収益対応の原則」64頁。

49　阪本「費用配分の原則と費用収益対応の原則」35頁。

50　同上、35頁。

が、反対論者は「修繕すべき事実の発生」も発生主義に含まれると考えるのである」[51,52]。

すなわち、発生主義を広義に解する場合、対応原則はその活躍の場が狭くなり、発生主義を狭義に解する場合、対応原則はその活躍の場が広くなるといったことであって、こうした対置は発生主義と対応原則をもって一揃いとする捉え方をもって前提としようが、いずれを広とし、いずれを狭とするか、あるいは対応原則の置き所を奈辺とするか、といった比較衡量は何に依拠してなされようか[53]。

**「対応原則会計」の不在**　「いかにも会計らしいもの、会計っぽいものといえば、減価償却、それに引当金と繰延資産が挙げられよう」[54]ともいわれるが、そうした「らしいもの」、「っぽいもの」をもたらすのはまずは発生主義か、あるいは対応原則か。減価償却は発生主義を代表するともされ、会計の考え方をもって代表するのはやはり発生主義か。なお、いずれにしても、ここにおける行論は、むろん、収益費用アプローチのことしか念頭になく、会計はこれすなわち収益費用アプローチ、とする立場によっている。

---

51　中村「費用配分の原則と費用収益対応の原則」64頁。

52　「事実の発生」について下記のものを参照。
友岡賛『会計学の行く末』2021年、56～62頁。

53　むろん、説明力の大小に依拠して、ということかもしれないが、しかし、それだけでもないような気もする。

54　友岡『会計学の行く末』53頁。

発生主義は「ほかの分野からみても」[55]「会計の大原則」[56]とされる。会計学と経済学は近くて遠い分野ともされ、経済学者の池田幸弘によれば、現金の移動のみを経済事象と考える経済学者は、したがって、会計における発生主義を理解せず、かくいう池田は発生主義をもって会計の大原則と捉えている[57]。

しかしながら、引当金、繰延資産も捨てがたい。すなわち対応原則も捨てがたい。

やはりまずは対応だろうか。叙上のように概して発生主義を代表するとされる減価償却は、しかし、これもやはり対応か。対応原則についてはこれを初めて明確に規定したのはルドルフ・フィッシャー（Rudolf Fisher）ともされ[58]、フィッシャーによれば、減価償却はこれも費用収益の対応をもって規定される[59]。

［現金主義 vs. 発生主義］において発生主義の選択は対応のた

---

55　友岡賛『会計と会計学のレーゾン・デートル』2018年、103頁。

56　同上、103頁。

57　同上、103頁。

58「フィッシャーに次いで、期間損益計算そのものを重視するシュマーレンバッハ（Eugen Schmalenbach）にあっては、費用収益対応の思想を全面的にとり入れ、彼の動態観を成立せしめるにいたっておる……が、これらにあっては費用収益対応の原則は未だ一般的な経営経済的思考の段階に止まり、明確な会計学的規定を受けていないのである」（岡本「費用収益対応の原則」262頁）とされ、「これを明確に会計学的に規定し、しかもそれを理論的構成の中心においたのはアメリカの動態観であり、その代表的なるものはペートン・リトルトンの「企業会計基準序説」である」（同上、262頁）とされる。

59　同上、261頁。

めになされる。対応があって発生があり、あるいは対応のために発生がある。「会計の大原則」ともされる発生主義は、しかし、大々原則たる対応原則の下《もと》にあり、これにしたがうべく、まずは現金主義が棄却され、非現金主義たる発生主義が採られる。しかるに、発生主義の採用は対応の必要条件であって十分条件ではなく、足りない部分はこれが対応原則に鑑みて補正され、さらに「トレードオフ」ないし「妥協ないし折衷」によってもたらされる実現主義によるズレはこれも対応原則に鑑みて修正される。

どうして「発生主義会計」と称され、「対応原則会計」ないし「費用収益対応会計」といったようには称されないのだろうか。

叙上のような理解よりすれば、目的は対応であって、発生は目的に至る手段である。あえていえば、手段に過ぎないものの名を冠しているのはどうしてか。

「今日の会計は発生主義会計である」といった記述はこれをよく目にするが、ここにおける「今日の会計は」という言い様は、以前の会計はそうではなかった、ということを含意し、また、「は○○主義会計である」という言い様は、○○主義ではない会計も存在する、ということを含意している。

ここにおいては［現金主義 vs. 発生主義］という関係が念頭に置かれ、歴史的には［現金主義 → 発生主義］という移行が念頭に置かれ、先述のように、ここに発生主義の意味するところは、現金主義に非ず、ということであって、発生主義はまずは非現金主義として、あるいは非現金主義としてこそ意義をもつのだろうが、かかる発生主義は現金主義という vs. の相手があるがゆえに「発生主義会計」という呼称が用いられるのかもしれない。対応には vs. の相手がなく、[ vs. 対応原則] といった関係ないし[ → 対応原則] といった移行をもって捉えられることがなく、しかるがゆえに「対応原則会計」ないし「費用収益対応会計」といった呼称は用いられないということか。

「今日の会計」とされる発生主義会計は一般にこれを信用経済および設備資産がもたらしたとされているが、後者は、会計とすれば、固定資産の認識、敷衍すれば、資産には、短期的に出入《はい》りするもの、および、少なくとも短期的にはそうした動きがないもの、という２種類がある、という認識であって、かかる固定資産の存在の認識が減価償却をもたらす[60]。

信用経済の発展はこれがときに「半発生主義会計」と称される債権債務をもってなされる利益計算をもたらし、設備資産すなわち固定資産すなわち減価償却はこれが発生主義の完成をもたらし、したがって、減価償却は発生主義を代表するともいわれるが、しかしながら、信用経済も設備資産も、これらがまずもってもたらしたのはズレであって、ズレは対応を前提とし、ズレはすなわち、しかるべき対応がない、ということを意味する。

ところで、[静態論 → 動態論] ないし [財産法 → 損益法] の移行と如上のズレはいずれが先にあったのか、といえば、債権債務、すなわち売掛金、買掛金等を要素に含む利益計算はつとに

60　友岡賛『歴史にふれる会計学』1996 年、189〜193 頁。

行われてはいたが、しかし、まずは財産法であって[61]、そこに対応はなく、したがって、ズレもなく、発生もなかった。

「今日の会計は発生主義会計云々」といわれ、どうして「今日の会計は対応原則会計云々」ではないのか、と改めて問えば、繰り返しになるが、既述のように、［現金主義 vs. 発生主義］という関係が前提されているからであって、しかるがゆえの［現金主義 → 発生主義］といえようが、それでは［収益費用アプローチ vs. 資産負債アプローチ］はどうだろうか。例えば「これまでの会計基準におけるさまざまな項目の取扱いを概観すれば、収益費用利益観から資産負債利益観へと、その軸足が移動していることがわかる」[62]などともいわれるように、［収益費用アプローチ → 資産負債アプローチ］という移行はこれが進みつつあるのかどうかは定かでないが、いずれにしても、資産負債アプローチは、むろん、対応原則会計ではなく、先述のように収益費用アプローチにあって「中心的」とされる対応は他方、資産負債アプローチにあっては「副次的」とされる。

資産負債アプローチを基軸とする会計においてはまずは「公正価値会計」といった名の下、時価（公正価値）が用いられ、実現に囚われることなく、「実現可能性」概念が採用され、包括利益が示される[63]。時価を用いるということは、要するに、発生で

61　同上、174頁。

62　佐藤「引当金・準備金会計制度研究の意義」4頁。

63　河﨑照行「会計理論・会計制度の継承と変革」河﨑照行（編著）『会計研究の挑戦——理論と制度における「知」の融合』2020年、5頁。

あって、実現可能性は、要するに、発生だろう。「実現可能性」という概念ないし呼称は、「実現」とはいうものの、どう考えても発生だろう。いや、「「実現」とはいうものの」というよりは「実現」の語は取っておきたかったということか。いずれにしても、実現可能性は、例えば「短期の利殖目的で保有する上場株式が値上がりした場合は……企業が事業に影響を及ぼすことなく、いつでも売却によって値上がり益を実現させることが可能だからである」[64]と説明されるように、こういう場合には発生でもよい、ということであって、「実現可能性」の在処は、「実現」概念の範疇というよりは、むしろ、「発生」概念の範疇だろう。事実、公正価値会計の行き方をもって「時価・実現可能性アプローチ」[65]と称する向きがある一方、これを「時価・発生アプローチ」[66]と称する向きもある。

いずれにしても、「対応原則会計」の呼称は対応が「中心的」ないし目的とされる会計においても用いられることがなく、対応が「副次的」とされる会計においては、むろん、用いられることがなく、他方、手段に過ぎない発生の名は長く会計の呼称に冠されている。

---

64　桜井『財務会計講義（第22版）』79頁。

65　河﨑「会計理論・会計制度の継承と変革」5頁。

66　浦崎直浩「企業業績の認識メカニズムの展開」河﨑照行（編著）『会計研究の挑戦——理論と制度における「知」の融合』2020年、104〜105頁。

# 第8章　実現主義という論点

実現主義について論ずることの意義をもって論じ、また、実現主義はこれが取得原価主義と相即不離、表裏一体とされることの意味について思量する。

## 実現主義という論点

筆者はこの数年間、会計学における基本的な諸論点についてかなり多くの論攷をものし、五つの書[1]にまとめてきたが、しかし、そうしたなか、いまだ取り上げられていない重要な論点に実現主義（ないし実現原則）がある。諸論点のなかには再論、あるいは再々論されたものも散見されるなか、実現主義は一度たりとも俎上に載せられたことがない[2]。これはどうしてだろうか。

どうして取り上げなかったのか、と自問してみるに、再論ない

1　『会計学の基本問題』2016年、『会計と会計学のレーゾン・デートル』2018年、『会計学の考え方』2018年、『会計学の地平』2019年、および『会計学の行く末』2021年。

し再々論されたものはいずれもいかにも会計らしいもの、会計っぽいものだった一方、実現主義は、けだし、それほどでもない、ということがあるのかもしれない。この数年間の諸論攷に通底するテーマは「会計と会計学のレーゾン・デートル」であって、この「レーゾン・デートル」を闡明《せんめい》する手掛かりは会計らしいもの、会計っぽいものにこそある、と考えるが、しかしながら、このテーマに鑑みた場合、実現主義には惹かれるものがいま一つ看取されなかった、ということか。

ただし、筆者にとって会計らしいもの、会計っぽいものの筆頭は取得原価主義であって、概して取得原価主義は実現主義と相即不離の関係にあるものとされており、例えば「原価・実現主義」[3]といった称し方もときにみられる。しかしながら、取得原価主義には大いに惹かれる一方、実現主義には余り惹かれないのはどうしてだろうか。

そもそも果たしてこれらは本当に相即不離なのだろうか。「原価・実現主義」の「・」は相即不離を意味しているのだろうか。

ところで、他分野の研究者から屢々次のようにいわれる。

「会計学には「○○主義」という用語が多くあるようだが、「主義」という語はイデオロジカルな事柄について遣うようなイメージがあり、したがって、「現金主義」とか「発生主義」とかいっ

---

2　些か言及したことはある（『会計学の地平』90～92頁）が、論攷のテーマに取り上げたことはない。

3　原俊雄「財務報告の展開と簿記・会計の揺らぎ」安藤英義（編著）『会計学論考——歴史と最近の動向』2007年、66頁。

た用語にはかなりの違和感がある」。

確かに「主義」は概して「思想上の立場」といった意味をもち、発生主義や取得原価主義をもって思想上の立場とすることには違和感があろう。ただし、例えば「現金主義」、「発生主義」はそれぞれ「cash basis」、「accrual basis」の訳であって、すなわち、「主義」は「basis」の訳であって、けだし、かつて斯学の先駆者的な大先生が「basis」に「主義」の訳を当て、皆がこれに倣った、といったところか。違和感に鑑み、片仮名語に逃げてみれば、「現金ベースの（会計）」、「発生ベースの（会計）」といったことになろうか。

また、「主義」と「原則（principle）」の用語法についても些か問題がある。「発生主義」、「実現主義」と称する向きもあれば、「発生原則」、「実現原則」と称する向きもあり、さらには例えば「発生主義会計は発生原則、実現原則、および対応原則をもって構成される」などといったように「発生主義」と「発生原則」を遣い分ける向きもあり、用語法は一様ではない。

閑話休題。本章は実現主義（実現原則）の意味について思量するが、その際、如上の「惹かれない」ということが手掛かりに用いられる。すなわち、叙上のように実現主義には惹かれるものがいま一つないのはどうしてか。その事訳が手掛かりに用いられる。

**伝統的な「実現」概念**

まずは代表的なテキストの類いにおいて実現主義（実現原則）の定義の類いをサーベイしてみよう。

「実現原則によれば、収益は次の２つの条件が満たされた時点で「実現」したものとして判断され、計上される。(a) 企業が顧客への財やサービスの移転を通じて、履行義務を充足したこと、およびこれに伴って (b) 移転した財やサービスと交換に、企業が権利を有する対価を獲得したことである。通常、この対価は現金預金や売掛金などの貨幣性資産の形態をとる」[4]（桜井久勝著）。

「財貨または用役を第三者に販売または引渡し、その対価として貨幣性資産を取得したことをもって収益の計上を行う考え方」[5]（広瀬義州著）。

「収益はいつ認識するのか。……企業会計では、製品を販売した時点とするのが基本的な考え方である。このような収益認識の考え方を「実現主義」という。つまり、製品が販売された時点で収益が「実現」したとみるのである」[6]（伊藤邦雄著）。

桜井によれば、この原則は「収益計上の確実性や客観性を確保するため」[7]のものとされ、「会計情報が具備すべき信頼性の要請から派生している」[8]とされているが、桜井においては貨幣性資

---

4　桜井久勝『財務会計講義（第 22 版）』2021 年、78 頁。
5　広瀬義州『財務会計（第 13 版）』2015 年、492 頁。
6　伊藤邦雄『新・現代会計入門（第 4 版）』2020 年、198～199 頁。
7　桜井『財務会計講義（第 22 版）』78 頁。

産が「通常、この対価は云々」と些か付けたりのように言及されている一方、広瀬においては「実現主義のポイントは販売または引渡しの行為または時点にあるのではなく、対価として受け入れる資産の種類にこそある」[9]とされ、「対価として受け入れる資産の種類が貨幣性資産である点にこそある」[10]とされており、他方、伊藤にあっては「実現主義で重要なのは販売という事実であり、現金を受け取ったという事実ではない」[11]とされている。

「貨幣性資産」の意義は奈辺にあるのか。「販売という事実」とは何か。なお、前者については「実現主義における実現とは……財貨またはサービスが……貨幣性資産に変わることを意味する」[12]と明快に述べる向きもあり、また、後者については「この基準（実現基準）は、販売取引あるいは購入取引という事実の発生だけでなく、取引相手との間において、引き渡しと対価の受け取りが行われた時点において認識を行う基準である」[13]とする向きもある。

いずれにしても、如上のテキストの類いにみられる実現主義（実現原則）における「実現」概念はいずれも一般に「伝統的な

---

8　同上、78頁。

9　広瀬『財務会計（第13版）』459頁。

10　同上、461頁。

11　伊藤『新・現代会計入門（第4版）』199頁。

12　星野一郎『詳解 財務会計論——制度と慣習と政策のルール』2020年、442頁。

13　中村文彦『財務会計制度の論と理』2021年、58頁。

「実現」概念」と称されるものであることに留意されようか。

「伝統的な「実現」概念」と称されるものが存する、ということはこの概念には歴史的な変遷がある[14]ということを意味し、具体的にはそれは概して「実現」概念の拡大、拡張という方向性をもっていたといえよう[15,16]が、しかし、今日において一般に用いられる「実現」は畢竟、如上の伝統的な「実現」であって、そのことのもつ意味、すなわち、伝統的に非ざる「実現」はこれが一般化をみなかった、という史実には些か興味深いものも認められようし、また、近年におけるストックの変動にもとづく収益認識とやらも、その内実は伝統的な「実現」概念をもってする実現主義と大差ないとも解しえよう[17]ことも留意されようが、しかしながら、これらの諸論点はまずはさて措かれる。

**実現主義の根拠**

一般に「発生主義会計」と称される今日の会計は、しかし、発生主義（発生原則）のみを

---

14　例えば下記のものを参照。
友岡賛『会計学原理』2012年、125～139頁。

15　山田康裕「収益認識」野口昌良、清水泰洋、中村恒彦、本間正人、北浦貴士（編）『会計のヒストリー80』2020年、62～63頁。

16　ただし、「1985年にFASB（Financial Accounting Standards Board）（財務会計基準審議会）は、概念書第6号（Statement of Financial Accounting Concepts No.6, *Elements of Financial Statements*）で……貨幣への転換を強調することで、実現概念の拡大傾向を牽制し、取得原価主義を支える実現概念を表明している」（伊藤『新・現代会計入門（第4版）』230～231頁）。

17　山田「収益認識」63頁。

もって貫徹されているわけではなく、費用の認識には発生主義が用いられながら、収益の認識には実現主義（実現原則）が用いられ、その事訳としては、けだし、あるいは保守主義、あるいは利益の処分可能性、あるいは数値の客観性が挙げられようか（順不同）。しかしながら、これらはいずれも面白くない。

「英国で古くから伝わる格言とされる……「予想の利益は計上すべからず、されど予想の損失は計上すべし」」[18]に看取され、「歴史的には、英国がその発祥とされる」[19]保守主義（conservatism）は、そういうイズムだから、といわれてしまえば、それまでだろうし、「実現は……処分可能利益計算のための与件」[20]との捉え方に鑑みれば、配当が行われ、課税が行われる限り、利益、収益には「財務的裏づけが要求される」[21]ことに異を挟む余地はなく、これまた、それまでだろうし、客観性は、むろん、重要ながら、これを根拠とする行論はこれに反駁してみたとて議論に生産性、発展性は期待しえず、「取得原価主義については客観性以外の論拠を用いたい。客観性では面白くない」[22]とした筆者は実現主義についても「客観性では面白くない」。

叙上のように「処分可能利益計算のための与件」ともされる実現主義は、しかしながら、［利益の処分可能性 vs. 利益の業績表

18　星野『詳解 財務会計論』142 頁。
19　同上、141〜142 頁。
20　広瀬『財務会計（第 13 版）』461 頁。
21　伊藤『新・現代会計入門（第 4 版）』200 頁。
22　友岡賛『会計と会計学のレーゾン・デートル』2018 年、88 頁。

示機能］ないし［処分可能利益 vs. 業績表示利益］、あるいは「ある一つの利益数値に尺度性と分配可能性という二つの性質をもたせることは不可能」[23]という立場における［利益の分配可能性 vs. 利益の尺度性］といった文脈において「期間利益には分配可能性だけではなく業績表示という役割が求められ……いうまでもなく業績表示という役割を担っているのは発生主義会計に基づく損益計算書であり、実現主義はその要石であった」[24]ともされる。叙上の「面白くない」事訳がなければ、発生主義が貫徹され、収益の認識はこれにも、実現主義ではなく、発生主義が用いられ、その方が業績表示において勝る、という行論もありえようが、しかし、ここにおける論点は［実現主義 vs. 発生主義］ではなく、［現金主義 vs. 実現主義］ということらしい。

処分可能性はこれを完全に充たすのは現金主義ながら、処分可能性と業績表示のトレードオフによって実現主義が用いられ、ときに実現主義の緩和が行われるとされ[25]、また、処分可能性はこれを完全に充たすのは現金主義ながら、現金主義が採用されないのは「各企業において会計のシステムは１つであって、２つ以上ではないから、であろう」[26]とされ、「１つの領域に適しても他の領域に適さないような基準（現金主義）は、採用され得ないので

23　松下真也「森田学説における尺度性利益の研究」安藤英義、新田忠誓（編著）『森田哲彌学説の研究——一橋会計学の展開』2020年、229頁。

24　原「財務報告の展開と簿記・会計の揺らぎ」61頁。

25　同上、61～62頁。

26　安藤英義『簿記会計の研究』2001年、213頁。

ある」[27]とされる[28]。

「1つ」とはどういうことか。かつてアメリカ会計学会（American Accounting Association）の『基礎的会計理論に関するステートメント』（*A Statement of Basic Accounting Theory*）に検討されたカスタムメードの会計情報の提供、種々の目的に応じた種々の会計情報の提供はどうして行われないのか。「できないからなのか、それとも必要がないからなのか。それとも「一般目的」であることにこそ意味があるからなのか」[29]。一般目的の「1つ」の会計、これにこそ意味があるのだろうか[30]。

閑話休題。叙上の「トレードオフ」は「妥協ないし折衷」[31]とも別言され、すなわち「伝統的な実現主義は……これら二つの利益概念（分配可能利益と業績表示利益）の妥協ないし折衷から生れた収益の認識基準である」[32]ともされているが、「妥協ないし折衷」はこれが一般性をもたらすともいえようし、すなわち、かくてもたらされた実現主義は一般性をもった基準ということか。なおまた、「汎用性において、取得原価主義に優るものは存在しない」[33]とする向きがあり、これを容れれば、実現主義と取得原価主義は一般性、汎用性において共通するともいえようが、こうし

27　同上、213頁（（　）書きは原文）。
28　原「財務報告の展開と簿記・会計の揺らぎ」66頁。
29　友岡『会計と会計学のレーゾン・デートル』268頁。
30　同上、266～268、277頁。
31　友岡賛『会計学の地平』2019年、92頁。
32　同上、92頁。
33　安藤『簿記会計の研究』213頁。

た共通性とこの両者の関係（相即不離の関係にあるかどうか）は、むろん、次元を異にする。ただし、一般目的の「1つ」の会計においては一般性、汎用性が求められ、したがって、取得原価主義が採られ、実現主義が採られることとなる。

### 実現主義の意義の捉え方

ところで、実現主義の意義は、実現主義というものをどう位置付けるか、ということによってその捉え方が規定されようか。これは具体的には、現金主義との関係をどうみるか、ということであって、すなわち、現金主義をもって実現主義の範疇に置くか、はたまた［現金主義 vs. 実現主義］と考えるか、ということである。

一般に実現の要件とされる対価の受け取りについてはこれを、現金ないし現金等価物（同等物）の受け取り、とする向きも少なくなく、このように現金の受け取りを実現の要件のなかに置くということは現金主義を実現主義の一部とみているともいえ、この場合、実現主義に［現金主義 vs. 実現主義］という位置付け方はなく、まずは［実現主義 vs. 発生主義］という位置付け方において、すなわち、発生主義に非ず、という点に鑑みて実現主義の意義が云々されることとなろうか。

他方、［現金主義 vs. 実現主義］という対置を認める場合には［現金主義 vs. 実現主義］および［実現主義 vs. 発生主義］という二つの対置に鑑みて実現主義の意義が云々されることとなろうが、けだし、この場合の実現主義は、一方の極を現金主義、いま一方の極を発生主義とし、この両極の間の「トレードオフ」、「妥協ないし折衷」の産物とも捉えられることとなろう。

## 取得原価主義と実現主義

取得原価主義の根拠としては、けだし、あるいは数値の客観性、あるいは名目資本維持、あるいは利益の処分可能性が一般に挙げられようか（順不同）。ただし、名目資本維持については、取得原価主義と名目資本維持は親和性が高い[34]、とはされるものの、取得原価主義と名目資本維持は必ず共存しなければならないという筋合いにはなく[35]、また、親和性が高く、したがって、概して共存するとされる場合にも、名目資本維持はこれが取得原価主義会計の特長とされることは滅多になく、特徴、ひいては短所ともされ、すなわち、名目的な資本しか維持されない、といった言い様がなされ、したがって、取得原価主義の積極的な根拠ないし特長としては一般に数値の客観性および利益の処分可能性が挙げられよう。

他方、先に挙げられた実現主義の「面白くない」事訳は保守主義、利益の処分可能性、および数値の客観性だったが、これらのうち、処分可能性および客観性は叙上の取得原価主義の根拠と被っているといえようが、保守主義はどうだろうか。資産の価額を取得原価のままに据え置くことは、これを保有利益、評価益は認識しない、ということに捉えれば、保守主義による、とも捉えられようが、しかし、これは未実現保有利益、未実現評価益は認識しない、ということであって、畢竟、実現主義の根拠にほかならない。

---

34　友岡『会計と会計学のレーゾン・デートル』100～102 頁。
35　友岡賛『会計学の行く末』2021 年、第 2 章。

ところで、根拠が被っている、根拠が同じ、とはどういうことか。客観性を例に採れば、取得原価主義も実現主義も客観性をもって根拠とするが、けだし、これは、会計は客観的な数値をもたらすべき、といった同一の命題から演繹されるものの、取得原価主義と実現主義の間にそれ以上の関係は看取されず、別言すれば、客観的な会計数値をもたらす、という（より高次の）目的を共に支えるという関係ともいえようが、しかし、この「共に」には深い意味はない。客観性をもって取得原価主義が採られ、実現主義が採られる、という関係は先述の一般性、汎用性をもって取得原価主義が採られ、実現主義が採られる、という関係と同様のものか。

それにしても、「面白くない」はずの客観性に些か言及してしまった[36]。

閑話休題。取得原価主義と実現主義の関係については「取得原価で資産が評価される場合、資産が売却市場で販売されるまでは、収益は計上されない。したがって取得原価基準は、収益の認識に関する実現原則と首尾一貫している」[37]ともされ、あるいは相即《切っても》不離《切れない》の関係とされ、「原価評価と分かち難く結びついた伝統的な実現基準」[38]とされ、換言すれば「支払対価主義（としての取得原

36　とはいえ、取得原価主義の客観性について下記のものを参照。
友岡『会計学原理』164～167頁。

37　桜井『財務会計講義（第22版）』82頁。

38　醍醐聰「実現基準の再構成」『企業会計』第42巻第1号、1990年、85頁。

価主義）と実現主義は表裏一体」[39]とされ、また、取得原価主義は「未実現利益の計上を排除するという意味で実現主義と表裏一体」[40]ともされ、これは「周知」[41]のこととされ、すなわち「貸借対照表における資産評価基準である取得原価主義と、損益計算書における収益認識基準である実現主義とは、周知のとおり表裏の関係にある」[42,43]とされ、しかし、他方、「原価主義といわれる会計の体系を支えてきた実現主義」[44]とも「取得原価主義を支える実現概念」[45]ともされているが、取得原価主義のための（取得原価主義を支える）実現主義、という関係のみならず、実現主義のための（実現主義を支える）取得原価主義、という関係はないのか。この両者は対等の関係にあるのか。そうではないのか。例えば、利益の処分可能性のために実現主義があり、かかる実現主義のために取得原価主義がある、といった関係はないのか。しかしまた、実現をもって利益、収益を認識する、ということと、取

---

39　広瀬義州「取得原価主義会計の存立基盤」『早稲田商学』第 373 号、1997 年、41 頁。

40　同上、41 頁。

41　安藤『簿記会計の研究』124 頁。

42　同上、123～124 頁。

43　「表裏の関係にある」という言い様は辞書的には、互いに相容れない対立的な性質を有する、といったことを意味しようが、けだし、この件《くだり》においては「表裏一体」と同義だろう。

44　森田哲彌「企業会計原則における収益（利益）認識基準の検討──実現主義の観点から」『企業会計』第 42 巻第 1 号、1990 年、18 頁。

45　伊藤『新・現代会計入門（第 4 版）』231 頁。

得原価をもって資産の価額とする、ということはおよそ違うことのような気がしてならない。

ところで、「実現をもって利益、収益を認識する」といった言い様については、利益の処分可能性に留まることなく、収益の再投資可能性に鑑み、次のように述べる向きがある[46]。

「実現主義によってえられる収益の資金的裏づけは、単に「利益の処分可能性」を保証するためとして性格づけるだけでは不十分である。利益の処分可能性だけを求めるのであれば、収益の総額ではなく、利益部分だけ貨幣資産の裏づけがあればよいことになるからである。利益認識の前提としての「再投資の準備」、これが実現主義に含まれる最も重要な意味である」[47]。

収益の再投資可能性、すなわち収益の流動性を重視するこの説は「販売基準に代表される実現主義は……流動性ある資産（短期間中に、そして特別な困難なしに貨幣となりうる資産）の取得を認識の要件とするものであり、「再投資の準備」を重視した認識基準と解しうるのである」[48]と結んでいるが、利益の流動性と収益

---

46　原「財務報告の展開と簿記・会計の揺らぎ」61頁。
　齋藤真哉「森田学説における原価主義会計」安藤英義、新田忠誓（編著）『森田哲彌学説の研究——一橋会計学の展開』2020年、106頁。
47　森田「企業会計原則における収益（利益）認識基準の検討」20頁。
48　同上、20頁（（　）書きは原文）。

の流動性の異同、関係はどのように捉えられようか。「利益部分だけ貨幣資産の裏づけがあ」るという状況はどのようなものか。収益の流動性なくして利益の流動性がもたらされるとはどういうことか。収益の流動性の裏付けのない利益の流動性は、けだし、収益獲得活動の結果としてのストックにおいては把握しうるかもしれないが、収益獲得活動の過程としてのフローにおいてはこれを把握することはできないだろう。

**取得原価主義と実現主義の関係**

さて、改めて、取得原価主義と実現主義の関係はどのように捉えられようか。「分かち難く結びついた」関係、「表裏一体」の関係とはどのような関係か。

例えば、時価の上昇はこれを認識することなく取得原価のままに据え置く、ということは、実現主義によれば、この増価は、しかし、未実現だから（認識しない）、としてその事訳が示されようが、しかしながら、時価の上昇はこれを認識することなく取得原価のままに据え置く、ということは、飽くまでも、取得原価主義であって、ほかの何ものでもない。この増価は未実現だから（認識しない）、という事訳は、実現主義があるがゆえ、のことであってトートロジーともいえ、他方、実現主義はこれがなければないで、取得原価主義は存立しえようか。果たして「分かち難く結びついた」関係、「表裏一体」の関係なのだろうか。

ちなみに、時価といえば、これについて実現主義の「致命的な欠陥」[49]を指摘する向きもあり、すなわち「時価評価が会計制度上実施されていない場合、つまり原価主義会計の枠内において、経済的実態を適正に表示す《ママ》ようとする際には、従来の実現主義はその致命的な欠陥を露呈する」[50] ともされているが、果たしてこれは実現主義の欠陥なのか。取得原価主義の欠陥ではないのか。あるいは「分かち難く結びついた」関係、「表裏一体」の関係というのであれば、両者の欠陥ということなのだろうか。

また、前に引かれた「貸借対照表における資産評価基準である取得原価主義と、損益計算書における収益認識基準である実現主義とは、周知のとおり表裏の関係にある」[51] の著者によれば、「取得原価主義は損益認識基準でいうと実現主義である」[52] とされ、したがって、逆にいえば、実現主義は資産評価基準でいうと取得原価主義である、ということになろうが、「損益認識基準でいうと」ないし「資産評価基準でいうと」とはどういうことか。「○○でいうと」という言い様は、○○のなかで似たものを挙げてみると、といった意味だろうが、取得原価主義は損益認識基準のなかで似たものを挙げてみると実現主義である、とはどういうことか。実現主義は資産評価基準のなかで似たものを挙げてみると取得原価主義である、とはどういうことか。

なお、少なくも如上の捉え方における両者は、前出の「取得原価主義を支える実現概念」といった一方的な関係ではなく、対等の関係といえようか。

---

*49*　星野『詳解 財務会計論』454 頁。

*50*　同上、454 頁。

*51*　注記 *43* をみよ。

*52*　安藤『簿記会計の研究』212 頁。

アメリカにおける史的変遷を辿った論者によれば、かつて「実現」概念はなく、評価差額（2 時点の評価額の比較）をもってする利益の把握がなされていたが、1920 年代ないし 1930 年代に実現主義をもってする利益の把握への転換がみられ、1940 年前後以降に実現主義（伝統的な実現主義）が確立をみ、また、未実現利益の計上が禁止されることとなるが、20 世紀の半ば過ぎには「実現」概念の拡大（抽象化）がみられ、これが評価差額の認識を可能にするに至り、1980 年代以降には実現から実現および実現可能へというこれも拡大をもって評価差額の認識が包括利益をもって行われる、といった変遷をみることができ[53]、「このように、当初、資産再評価に伴い計上されていた評価差額は、未実現利益の計上の禁止に伴い認識されなくなる。しかしながら、資産再評価の必要から再び、純利益とは区別される形で評価差額が認識されるようになっている」[54] とされ、「当初の意味での「実現」規準は後退していく」[55] とされている。

叙上の変遷は、大雑把には、［評価 → 実現 → 評価］といったように捉えることができようし、「評価」と「実現」は概念的には次元を異にするものの、この変遷に看取される関係は［評価 vs. 実現］だろうし、すなわち、実現主義はこれすなわち評価の否定、ということになるのだろうか。

しかしながら、やはりこの二つの概念は次元を異にする。評価

---

53　渡邉宏美『企業会計における評価差額の認識――純利益と包括利益の境界線』2021 年、第 1 章。

54　同上、52 頁。

55　同上、52 頁。

の否定はこれすなわち取得原価主義であって、果たしてそこに実現主義は必要なのだろうか。実現主義はこれすなわち評価益認識の否定であって、果たしてそこに取得原価主義は必要なのだろうか。少なくも取得原価主義をもって論ずる際の実現主義はトートロジーのような気がしてならない。

なお、ここに「少なくも」としたのは、実現主義を論ずる際の取得原価主義はトートロジー云々、とすべきか、という点については改めて論じたいからであって、そのためにはこの両者の関係はこれが「支える」関係なのか、「○○でいうと」の関係なのか、対等の関係なのか、そうではないのかをもって見定めなければならないのである。

# 第9章　保守主義の原則と重要性の原則

保守主義の原則と重要性の原則はときに会計における常識とされ、勝れて実践的とされる。保守主義の原則は理論に非ずともされ、重要性の原則は実務上の便宜によるものともされる。

如上の二つの原則に共通するものについて思量する。

## 保守主義の原則と重要性の原則

2001年に企業会計基準委員会が設立され、同委員会による企業会計基準の設定が始まってこの方、次第に影が薄くなってきた感があるとされ、「歴史的文書化しつつある」[1]ともされ、「多くの会計人にとって……忘却の彼方にあるかのような観すらあ」[2]るともされる企業会計原則は、したがって、最早、一般原則にお

1　広瀬義州『財務会計（第13版）』2015年、133頁。

2　藤井秀樹『入門財務会計（第2版）』2017年、75頁。

いてのみその存在意義が認められるともされている。事実、かつて会計学のテキストはその多くが企業会計原則の解説書だったが、しかし、昨今の会計学のテキストはその多くが一般原則についてのみ企業会計原則に言及しており、例えば「企業会計原則の一般原則」[3]、あるいは「企業会計原則の構成と一般原則」[4]、あるいは「企業会計原則と一般原則」[5]などといった節題（章題に非ず）をもって企業会計原則を扱っている。

そうした企業会計原則に示される真実性の原則を首《はじ》めとする七つの一般原則およびこれに准ずる重要性の原則のうち、その他のものと些か趣を異にする特殊なものとして下掲の保守主義の原則と重要性の原則を挙げることができようか。

> 「企業の財政に不利な影響を及ぼす可能性がある場合には、これに備えて適当に健全な会計処理をしなければならない」。

> 「企業会計は、定められた会計処理の方法に従って正確な計算を行うべきものであるが、企業会計が目的とするところは、企業の財務内容を明らかにし、企業の状況に関する利害関係者の判断を誤らせないようにすることにあるから、重要性の乏しいものについては、本来の厳密な会計処理によらないで他の簡便な方法によることも正規の簿記の原則に従った処理として認められる」。

---

3　桜井久勝『財務会計講義（第 22 版）』2021 年、61 頁。

4　齋藤真哉『現代の会計』2020 年、92 頁。

5　伊藤邦雄『新・現代会計入門（第 4 版）』2020 年、84 頁。

なお、重要性の原則は「企業会計は、すべての取引につき、正規の簿記の原則に従って、正確な会計帳簿を作成しなければならない」とする正規の簿記の原則および「企業会計は、財務諸表によって、利害関係者に対し必要な会計事実を明瞭に表示し、企業の状況に関する判断を誤らせないようにしなければならない」とする明瞭性の原則にかかわるものとされている。

**二つの原則の共通点**

この二つの原則の特殊性は何か。この二つの原則には（特殊性がある、ということ以外に）何らかの共通点があるのか。

まずはこれらはいずれも勝れて実践的なものであるといえ、ときに「会計常識」[6]などともいわれ、「「重要性」は、保守主義とともに古くからの常識として、当然認められてきた」[7]ものともされる。

保守主義の原則については「この原則は、企業会計原則・一般原則のなかでは、ある意味で特異な存在である」[8]とされ、「近代的・動的会計理論のもとにおいては……一種の「例外の原理」としてとりあつかわれている」[9]とされ、「理論ではない」[10]とされ、

6　黒澤清「重要性の原則――一般原則における重要性の原則の意味関連」『企業会計』第26巻第12号、1974年、50頁。

7　同上、50頁。

8　星野一郎『詳解 財務会計論――制度と慣習と政策のルール』2020年、148頁。

9　根箭重男『保守主義會計の發現形態』1961年、1頁。

10　星野『詳解 財務会計論』149頁。

［保守主義会計 vs. 健全主義会計］[11] などといった捉え方をもって、すなわち不健全ともされる。「常識」とされる反面、「例外」とされている点はこれが些か興味深いが、なかには「保守主義会計こそ企業会計のいわば本質」[12]、「会計のいわば本来的な属性」[13] とする向きもあり、この向きにおいて保守主義は「むしろかえってもっとも「原則的な原理」と考えらるべきもの」[14] とされているが、ただし、この向きは「現実重視の立場に根ざし」[15]、いわく、「会計実務の立場といってもよい」[16]。

他方、重要性の原則は「実践で頻繁に援用されるもの」[17] とされ、「実務的な便宜性の観点」[18] によるものとされ、重要性の判断に「採用されている比率の理論的根拠は明らかではない」[19] ともされ、例えば或る実務家（公認会計士）によれば、「保守主義と重要性はとてもよく仕事（監査の実務）に出てくる」ともされている。ただし、この二つの原則には類似性が看取される、という筆者の指摘はこれに該実務家の賛同は得られていないが、専ら実務に身を置いている場合には「勝れて実践的」であるとか、［理論 vs. 実践（実務）］とかいった意識がないということか。理論

---

11　根箭『保守主義會計の發現形態』11 頁。
12　同上、1 頁。
13　同上、11 頁。
14　同上、1 頁。
15　藤井『入門財務会計（第 2 版）』80 頁。
16　同上、31 頁。
17　桜井『財務会計講義（第 22 版）』67 頁。
18　藤井『入門財務会計（第 2 版）』80 頁。
19　星野『詳解 財務会計論』161 頁。

と実践ないし［理論 vs. 実践］といった捉え方よりすれば、保守主義は「理論ではない」とされ、重要性の原則はこれも、理論に非ず、とされるのかもしれない（むろん、これは「理論」概念の捉え方に左右され、例えばコスト・ベネフィットの観点等も理論とすれば、重要性の原則も理論だろう）。

また、この二つの原則はいずれも程度の問題を有している。すなわち、過度の保守主義はこれが問題視され、重要性の原則も過度の適用はこれが問題視され、しかし、他方、その他の一般原則には「過度の」といった言い様はこれが馴染まない。けだし、理論には程度がない、ということか。

**両原則を併せ扱った論攷**

叙上のように、漠然とながらも、この二つの原則に通底するものの存在を感じ、論題に取り上げるに至った筆者ながら、しかし、取り上げ方はこれを決めかね、まずは文献渉猟から、とも思ったが、（悉皆調査をしたわけではないとはいえ）渉猟というほどの文献はなく、まずは本章と同じく「保守主義の原則と重要性の原則」と題する安藤英義の論攷[20]、それに「重要性の原則と保守主義経理」と題する森川八洲男の論攷[21]、この2篇の存在を知るに至った。なお、後者は企業会計原則において重要性の原則が明示されるに至った[22]1974年の改正に際して組まれた「「重要性の原則」

20　安藤英義「保守主義の原則と重要性の原則――各国の会計基準等と会計の機能」『松山大学論集』第5巻第4号、1993年。

21　森川八洲男「重要性の原則と保守主義経理」『企業会計』第26巻第12号、1974年。

を吟味する——新会計原則の公表を機に」と題する某誌の特集に収められており、重要性の原則を主役とし、これを多面的に扱った数篇の論攷の一つという特異性をもつが、安藤による前者はそうした事情なくこの二つの原則を取り上げた稀有の例といえようか。

安藤によれば、「この２つの原則は、会計を歴史的および制度比較的に考察する場合に興味深い存在である」[23]とされ、「時代によって、また国および制度によって評価が変わる原則として、この２つの原則以上のものはちょっと見当たらない」[24]とされ、各国の会計基準等におけるこの二つの原則の位置付けがサーベイされ、また、歴史的なサーベイも行われ[25]、次のように述べられている。

> 「保守主義の一つの典型として、棚卸資産評価に関する低価主義を挙げることができる。ドイツでは、保守主義（慎重性）の原則を具体化するものとして、まず実現主義と不均等原則が位置し、そして低価主義は不均等原則の具体例と考えられている」[26]。
>
> 「重要性の概念……を積極的に展開したのは、アメリカの会

22 黒澤「重要性の原則」46〜48頁。

23 安藤「保守主義の原則と重要性の原則」153頁。

24 同上、153頁。

25 同上、154〜166頁。

26 同上、163頁（（　）書きは原文）。

計士たちであ」[27]り、他方、「アメリカの会計学界は、重要性の原則について、会計士界よりもずっと慎重であった」[28]が、「このようなアメリカ会計学界の慎重な姿勢にもかかわらず、今日アメリカでは、監査、財務報告および会計処理のすべてにわたって重要性の原則は確立されている」[29]。

低価主義の存在はこれが古く中世イタリアにまで遡ることができるとされ、したがって、低価主義を含む保守主義は、重要性の原則と較べると、遙かに長い歴史を有することが示唆され[30]、次いでこうしたことが会計の機能をめぐる問題と関わらしめて論じられる。すなわち、「会計には、大きく分けて、利害調整と情報提供という２つの機能がある」[31,32]とされ、「会計の長い歴史は前者に始まり、ずっと後になって後者が加わったといってよい」[33]とされ、したがって、古くからある利害調整機能は古くか

---

27　同上、165 頁。

28　同上、165 頁。

29　同上、166 頁。

30　同上、163～166 頁。

31　同上、166 頁。

32　ただし、「筆者は［利害調整機能 vs. 情報提供機能］といったように利害調整機能と情報提供を同次元のものとして扱うことには違和感があり」（友岡賛『会計学の考え方』2018 年、193 頁）、［利害調整機能 vs. 意思決定支援機能］といった捉え方に味方している。

　如上のことについては下記のものを参照。

　友岡賛『会計学原理』2012 年、73～80 頁。

　友岡賛『会計学の基本問題』2016 年、39～43 頁。

らある保守主義と結び付けられ、歴史の浅い情報提供機能は歴史の浅い重要性の原則と結び付けられる、といった展開が予想されようか。

さて、安藤は「1円まで争い得る利害調整会計では、重要性の原則など論外である」[34]と断じ、また、「重要性の原則は、企業に関する判断と意思決定に影響がないような項目・金額は重要でないということであり、まさに情報提供会計に固有の原則である」[35]と断ずるが、「このことは、重要性の原則が利害調整会計の歴史よりずっと新しいという事実によっても、裏付けられる」[36]として叙上の展開予想の件は傍証に用いられ、次いで「低価主義を含む保守主義は、情報提供会計の歴史より古いことが分かっているので、情報提供会計に固有の原則ではない」[37]とされているが、さらには「保守主義は、情報提供会計に固有の原則ではないとすれば、利害調整会計に固有の原則であるということになる」[38]とされることには得心がゆかない。「情報提供会計に固有の原則ではないとすれば」どうして「利害調整会計に固有の原則であるということになる」のだろうか。ちなみに、後出の西谷順平によれば、会計の意思決定支援機能は保守主義を否定し、他方、利害調整機能は保守主義を擁護するとされている[39]。

---

33　安藤「保守主義の原則と重要性の原則」166頁。

34　同上、167頁。

35　同上、167頁。

36　同上、167～168頁。

37　同上、168頁。

38　同上、168頁。

最後に各国の会計基準等において重視されている会計の機能が俎上に載せられ、要するに、保守主義の原則を有する基準等は利害調整機能を重視し、重要性の原則を有する基準等は情報提供機能を重視しているが、そうしたなか、両原則をもって有する企業会計原則は「どの会計基準等よりも、情報提供会計と利害調整会計のバランスが取れている」[40]と結論されることとなる[41]。

叙上のように、安藤の論攷は［保守主義の原則 vs. 重要性の原則］として捉え、これを［利害調整機能 vs. 情報提供機能］と重ね合わせて論じているが、他方、いま一つの森川の論攷は vs. に非ざるこの両者の関係を指摘している。

森川の論攷は、重要性の原則はこれが保守主義をもたらす、ということをもってその主旨とする。

森川は「重要性の原則とは、特に重要なものでない限り、企業に経理の自由を認める原則である」[42]と断ずる高松和男の解釈を引く。ただし、「特に重要なものでない限り」ということは「重要性の乏しいもの」のみならず、普通に重要なものをも「簡便な方法」の対象とすることとなり、したがって、筆者とすれば、この解釈は些か極端ともいえようが、しかし、森川はこの解釈を

39　西谷順平『保守主義のジレンマ――会計基礎概念の内部化』2016年、4頁。

40　安藤「保守主義の原則と重要性の原則」171頁。

41　同上、168～171頁。

42　森川「重要性の原則と保守主義経理」70頁。

もって肯定的に引く[43]。

そうした森川によれば、重要性の原則による「非重要項目に対する簡便な方法の容認」[44]は「そこに企業経理の自由が容認され、「保守主義経理」が推進される根拠が見出される」[45]とされ、この原則によれば、「企業は、「重要性の乏しい項目」の枠内で、経理の自由を享受し、将来に備えて、“安全な経理”を推進することが許容される」[46]とされ、「しかしながら、このような経理の自由には、利益操作の可能性が内包されており……たとえ「重要性の乏しい項目」の範囲内であるにしても、利益操作による過度の保守主義経理までもが容認されることになる」[47]とされ、そうした「過度の保守主義経理は、その活動範囲をさらに弾力的に拡大しうる余地があること」[48]が指摘され、そうした「重要性の原則はまさに新たな「保守主義会計の発現形態」である」[49]とされ、そうした重要性の原則は「財務諸表に対する社会的信頼性を高め、利害関係者の利益を擁護するという趣旨から、構築された……近代会計制度の基本的精神をないがしろにする」[50]とまで頗る厳しく批判されている。

---

43　同上、70 頁。
44　同上、66 頁。
45　同上、66 頁。
46　同上、70 頁。
47　同上、70 頁。
48　同上、71 頁。
49　同上、71 頁。
50　同上、71 頁。

### 重要性の原則の諸相

前項において批判された重要性の原則はこれが企業会計原則に示された容認の原則であることは言を俟たないが、一般にこの原則には二つの意味があるとされ、「すなわち、重要項目に対する厳格な方法の要求と、その反対に非重要項目に対する簡便な方法の容認」[51]があるとされ、企業会計原則にあっては「後者の、いわば消極的な側面の適用だけが取り上げられている」[52]ともされている。

なお、この後者の「重要性の原則は、本来、コスト・ベネフィットの観点からみて容認される考え方」[53]ともされ、この原則を「コスト・ベネフィットの問題」[54]として論ずる星野一郎によれば、特に「明瞭性の原則と重要性の原則の関連性を考察するうえで肝要なのは、コスト・ベネフィットの観点と詳細性の観点である」[55]とされ、「会計現象を明瞭に表示することは、必然的に、ある程度の詳細さを含意するものと考えられる」[56]が、しかし、「その反面、過度な詳細さは、会計情報利用者の情報分析能力の限界に起因して、明瞭性を毀損するおそれを内包する」[57]とされている。しかしながら、「過度な詳細さ」はこれがコストの問題に繋がるものの、他方、「明瞭性を毀損する云々」は（マイナス

51　同上、66頁。
52　同上、66頁。
53　広瀬『財務会計（第13版）』144頁。
54　星野『詳解 財務会計論』157頁。
55　同上、129頁。
56　同上、129頁。
57　同上、129頁。

のベネフィット、といった捉え方をしない限りは）ベネフィットの問題ではなく、「過度な詳細さ」のコストと較べられるべきは、そうした詳細さは要らない、そうした詳細さは無駄、といったベネフィットの小ささだろう。

閑話休題。先述の重要性の原則の二つの意味においては「非重要項目に対する簡便な方法の容認」が消極的とされていたが、とすれば、「重要項目に対する厳格な方法の要求」はこれが積極的ということになろうが、しかしながら、果たしてそうだろうか。積極的な重要性の原則の意味するところは、下記のように、非重要項目に対する簡便な方法の要求、ではなかろうか。

「この原則にいわば積極的な意味をもたせるばあいには、重要性の乏しいものについては簡便な方法をもちいなければならない、といった意味のものとなる。……情報は、多ければよい、というものではなく、また、明瞭性は概観性にささえられる。敷衍すれば、過度の詳細さ（情報過多）は概観性を低下せしめ、したがって、明瞭性を低下せしめる。……この原則はこれが（積極的な意味をあたえられ、すなわち）、重要性の乏しいものについては簡便な方法をもちいなければならない、といった意味のものとなったばあいには、明瞭性の原則をささえるもの、となる」[58]。

58　友岡賛（編）『会計学』2007年、47頁（圏点および（　）書きは原文）。

なお、こうした重要性の原則は監査におけるリスク・アプローチをもって想起させる。このアプローチは要は、重要なところ（リスクの大きいところ）は入念に、ということであって、これは叙上の「重要項目に対する厳格な方法の要求」に該ろうが、これは要するに、重要なものは重要、と述べているに等しく、トートロジーというか、当たり前というか（むろん、当たり前のことの大切さは看過しえないが）。ただし、「監査の有効性と効率性というトレードオフの関係にある２つの条件を合理的に充足させる監査戦略として……開発された」[59]というリスク・アプローチにあっては「リスクの高低に応じて監査資源の配分を決定する」[60]が、こうした資源配分においては、重要性の乏しいところ（リスクの小さいところ）は入念にしてはならない、ということとなり、これには如上の明瞭性の原則に鑑みた「重要性の乏しいものについては簡便な方法をもちいなければならない」との類比が認められる。

**保守主義の諸相**　タイトルに「保守主義」の語がある会計書は４冊[61]しか知らないが（タイトルに「重要性の原則」の語がある会計書は１冊も知らないが）、その一つはこれが西谷順平によってものされている。

---

59　松本祥尚「リスク・アプローチ」野口昌良、清水泰洋、中村恒彦、本間正人、北浦貴士（編）『会計のヒストリー80』2020年、172頁。
60　松本祥尚「監査手続――実証手続・分析的手続・その他各種手続」野口昌良、清水泰洋、中村恒彦、本間正人、北浦貴士（編）『会計のヒストリー80』2020年、175頁。

複式簿記の成立について［単式簿記 → 複式簿記］とする通説には与することなく、また、通説を批判して［複式簿記 → 複式簿記 + 単式簿記］とする渡邉泉の説にも与することなく、［非複式簿記 → 複式簿記］とする西谷[62]によれば、「キャッシュフローの動きだけを忠実に追って情報を作成する」[63]という「非複式簿記の時代」[64]においては「会計情報に裁量を与える余地はなく」[65]、すなわち「会計情報に対して下方バイアスをかける余地はなく」[66]、したがって、「複式簿記が生まれるまでは、保守主義が会計情報に介在する余地がない」[67]とされ、複式簿記が完成をみたとされる15世紀のフィレンツェ[68]が着眼され、現代の保守主義のルーツはこれが実現主義と低価法からなるフィレンツェの保守主義にあったことが指摘される[69]。さらには「保守主義の二重性」[70]が指摘される。すなわち、保守主義には、低価法に看取

61　根箭『保守主義會計の發現形態』。
　早川豊（編著）『保守主義と時価会計――透明性の拡大』2002年。
　西谷『保守主義のジレンマ』。
　髙田知実『保守主義会計――実態と経済的機能の実証分析』2021年。
62　友岡賛『会計の歴史（改訂版）』2018年、44～58頁。
63　西谷『保守主義のジレンマ』42頁。
64　同上、42頁。
65　同上、42頁。
66　同上、42頁。
67　同上、43頁。
68　同上、52頁。
69　同上、7頁。

されるような慎重主義といった意味に加え、叙上のように15世紀のフィレンツェを起点として現在にまで至るといった意味の伝統主義といった意味があることが指摘される。いわく、「まさに、保守主義は会計の伝統なのである」[71,72]。

「下方バイアスをかけるという点での「慎重主義」という従来の意味の他に、現代の会計基準体系では限界事例として扱われてしまうものの、会計実務に根強く残っているという点での「伝統主義」という意味を、現代では備えている」[73]。

いま一つの保守主義の書は早川豊によって編まれているが、これは「透明性」の語を副題にもつ点に特徴が認められる。

まずは「透明性ある保守主義」[74]という概念が示され、「「投資家の意思決定に資する」ことが財務諸表作成の目的であるとすれば」[75]「「透明性ある保守主義」のもとでの時価会計が必要となる」[76]とされているが、ここに「透明性」は「表現の忠実性」等

---

70　同上、38頁。

71　同上、64頁。

72　保守主義をもって、古くからの美徳、とする向きもある（久保淳司「税効果会計と保守主義」早川豊（編著）『保守主義と時価会計——透明性の拡大』2002年、66、72頁）。

73　西谷『保守主義のジレンマ』41頁。

74　早川豊「透明性ある保守主義と時価会計」早川豊（編著）『保守主義と時価会計——透明性の拡大』2002年、5頁。

75　同上、16頁。

76　同上、8頁。

と同様の概念と目され[77]、概して保守主義は表現の忠実性等に反するとされ[78]、例えば財務会計基準審議会（Financial Accounting Standards Board）（FASB）の1980年のステートメントによれば、保守主義は「財務報告に偏向（bias）をもたらし、その結果、保守主義は、表現の忠実性、中立性および比較可能性（representational faithfulness, neutrality, and comparability）のような重大な質的特徴と矛盾する傾向にある」[79]とされている。ちなみに、前出の［保守主義会計 vs. 健全主義会計］といった捉え方によれば、健全はこれが透明性ないし表現の忠実性と重なり合うこととなろうが、この捉え方は［財産計算 → 損益計算］ないし［債権者保護 → 投資家保護］と重ね合わせて［保守主義会計 → 健全主義会計］を捉えている[80]（ただしまた、こうした vs. の捉え方をさて措けば、保守主義はこれが財産計算にも損益計算にも認められ、財産計算上の保守主義は低価法に代表され、損益計算上の保守主義は実現主義に代表されるともされる[81,82]）。

ところで、けだし、重要性の原則も、非重要項目に対する簡便な方法の容認だろうとも、非重要項目に対する簡便な方法の要求

77 久保「税効果会計と保守主義」66頁。

78 同上、78頁。

79 Financial Accounting Standards Board, Statement of Financial Accounting Concepts No.2, *Qualitative Characteristics of Accounting Information*, 1980, par.92.

平松一夫、広瀬義州（訳）『FASB財務会計の諸概念（増補版）』2002年、105頁。

80 根箭『保守主義會計の發現形態』11頁。

81 同上、50頁。

だろうとも、表現の忠実性等に反し、この点も保守主義と共通することといえようか。叙上のFASBのステートメントによれば、重要性は「周囲の状況からみて、会計情報が省略されていたりまたは誤って表示されているならば、当該会計情報に依存する合理的な人間の判断が変更されたりまたは影響を受けるおそれがある場合の当該情報の省略（omission）または誤表示（misstatement）の大きさ」[83]と定義され、「省略または誤表示」の存在は表現の忠実性等に反する。

「この二つの原則はいずれも程度の問題を有している。すなわち、過度の保守主義はこれが問題視され、重要性の原則も過度の適用はこれが問題視され云々」と先述したが、ここにいう「過度」は要するに、表現の忠実性等に反し過ぎ、ということか。

閑話休題。しかしながら、早川の書を構成する久保淳司の論攷によれば、「保守主義は透明性と対立する概念ではない」[84]とされる。すなわち「保守主義会計は……会社存続に関する危険回避の目的を達成する手段」[85]とされ、「危険回避という目的に本質があって、手段は二義的でしかない。当期利益や資産の過小計上な

---

82　しかしながら、「現代であれば、収益の認識基準として実現主義を採用することが保守主義であると考える立場は少数派かもしれない」（高田『保守主義会計』7頁）。

83　Financial Accounting Standards Board, *Qualitative Characteristics of Accounting Information*, Glossary of Terms.

平松一夫、広瀬義州（訳）『FASB財務会計の諸概念（増補版）』2002年、59～60頁。

84　久保「税効果会計と保守主義」77頁。

85　同上、73～74頁。

どは保守主義の一手段であって本質ではない」[86]とされ、要するに、目的は危険回避、保守主義は危険回避の手段、低価法の類いは保守主義の一手段、ということか。

久保においては「危険回避的選好は普遍的……したがって、危険回避を基盤とする保守主義会計も普遍的」[87]ながら、「しかし、危険は立場によって異なる」[88]とされ、「立場や環境によって、危険回避の方法が変化するために、手段としての保守主義も表面的に変化する」[89]とされ、例えば投機家にとっては透明性の向上こそが保守主義と結び付くこととなる[90]が、ちなみに「誰のための保守主義であるか」[91]を問い、「保守主義の主体論は、すなわち会計主体論に転化しうる」[92]とする向きもある。

**つまらなさと理論**

「保守主義はつまらない」とか、「重要性の原則はつまらない」とかいった言い様が屢々用いられる。○○の根拠を保守主義に求めてしまってはつまらない、○○の根拠を重要性の原則に求めてしまってはつまらない、といった意味である。そこには、理論的ではないから、とかいったことが含意されている。しかしながら、むろん、この二つ

---

86　同上、73〜74頁。
87　同上、76頁。
88　同上、76頁。
89　同上、77頁。
90　同上、74〜76頁。
91　根箭『保守主義會計の發現形態』30頁。
92　同上、30頁。

の共通点をつまらなさに求めてしまってはつまらない。

ただしまた、叙上のことは「理論」概念の捉え方に左右される。「理論」概念はこれを拡げた方が面白くなるということだろうか。

# 第５部　慶應義塾の会計学を索ねて

# 第10章　三邊金蔵の取得原価主義会計

福澤諭吉の『帳合之法』はこれをさて措けば、慶應義塾の会計学は三邊金蔵（1880年～1962年）がこれを拓いた。徹底した取得原価主義者とされ、その所説は「評価無用論」とも称される三邊の著書『会計学を索ねて』はこれを『取得原価主義を索ねて』として読むことができ、そのかみの［時価主義 vs. 取得原価主義］の状況が知られる。

## 『会計学を索ねて』

筆者の指導教授だった會田義雄は慶應義塾を退職するにあたって『随想 三田山上三十五年一日』（1989年刊）を上梓しているが、この書は『会計学を索ねて』という副題をもって有しており、また、會田は慶應義塾における退任記念講演（最終講義）の演題にも「会計学を索ねて」をもって用いている[1]が、これらは彼の師だった三邊金蔵[2]の『会計学を索ねて』（1954年年刊）に倣っている。

會田いわく、「三邊先生には『会計学を索ねて』というユニークな著書があって、ただし、「たずねて」は「訪問」の「訪」じゃなくて「索引」の「索」の字で云々」。

けだし、「ユニークな著書」という言い様は、内容のユニークさではなく、専ら「索」の字のことのようだった。

**取得原価主義**

『会計学を索ねて』の「序」は次のように述べている。

「此所に収拾展示する幾篇かの私見は、私が会計学を索ねて遍歴遍路求道の旅にさすらいながら、折に触れ時に臨みて、辿り行く道のかたへに折掛けた謂わば栞のようなものである。従って余所目には果して幾許の価値ありとして映ずるか？それは他の評価に聴くの外はないが、私自身にとっては、思出多き色とりどりの忍草、愛着して自ら捨て難きものあると同時に、其のいずれもが取得原価主義に立脚して展開したものであるから、時価主義の潮流に浸っておらるる多数の人々にとっても、或はまた他山の石たるの用をなす機会もあるべきかと、私かに考うるのである」[3]。

なるほど、そのかみの「潮流」は「時価主義」だったのか。「取得原価主義に立脚して展開した」自説を述べる三邊は「時価

---

1　會田義雄『随想 三田山上三十五年一日——会計学を索ねて』1989年、3〜36頁。

2　ただし、指導教授は小高泰雄。

3　三邊金蔵『会計学を索ねて』1954年、「序」頁なし。

論に強い魅力を感じておられる読者諸君」[4]をもって強く意識している。

「時価論に強い魅力を感じておられる読者諸君の中には、以上私の所説に対して或は、成程それで一応話の筋は通るようだが、併し資産を構成する財物は、物質的に不滅であり得ないばかりでなく、価値的にも常住不変ではあり得ない。寧ろ無常迅速が其の本来の姿であるというべきで、日夜に変化し刻々に流転するのが即ち日常の事実である。然るに事実事実といいながらこの眼前の事実を無視して論を立てるとは誠に以て不可解千万《ママ》。と言わざるを得ない。この点は如何にこれを釈明するか、と斯う質問せられる人もあるであろう」[5]。

しかしながら、三邊によれば、「時価を取り上げて善処するのは販売購買の衝に当る者の任務である」[6]とされ、この者においては「売るべきものはできるだけ高値で売り、買うべきものはまたできるだけ低値で買い、因って出来得る限り大なる利益を収める」[7]べく、「価値の見積もりも予測も誰憚ることもなく十分に行うべきであるが」[8]、しかし、他方、「会計担当者に於ては、是等の予測、乃至は希望、乃至は世間の市場に浮動しつつあるのみで、

4　同上、17 頁。
5　同上、17 頁。
6　同上、17 頁。
7　同上、17 頁。
8　同上、17 頁。

未だ自家営業の手許に於て実現せざる事実を此所に取り入れて、その報告書たる貸借対照表、損益計算書等を楽観悲観種々に染め上げて是を観る人々の眼を眩惑せしめるようなことを敢てしては断じてならぬ」[9]。

三邊によれば、会計担当者の任務は「実現を見たるものを細大漏らさず帳簿に記録し……実現した純乎として純なる損益や、実際に決定し設定した諸種の引当金等の如きを算出し、之を貸借対照表に載せて経営者に報告すること」[10,11]だからである。

**取得原価主義の劣位性**

『会計学を索ねて』には「原価主義の教義性について」と題する論攷が収められている。

「私が次に述べる所は岡部利良氏が、原価主義の教義性と題し、会計理論と会計実践との間には、合一性があるかのように普通には説かれているが、実際について詮索して見ると、そこには寧ろ多くの乖離が存在する。評価原則として支配的なものと見なされている原価主義についてもこのことは妥当する。原価主義は、その本来の形では、決して現実の会計実践のうちに存在していない。それは寧ろ一種の教義的なものとして主張されているに過ぎないと言わなければならない、と説かれている所を読んで行くうちに、偶々心に浮んだ感想

9　同上、17～18 頁。

10　同上、17 頁。

11　「経営者に報告」の意味が気に懸かるが、まずはさて措く。

をその儘摘記したものに他ならない」[12]。

『企業会計』誌は第6巻第2号をもって初出とするこの論攷は同誌の前号（第6巻第1号）に掲載の岡部利良（京都大学教授）の論攷「原価主義の教義性(1)」を材料に書かれており[13]、「私のように年来原価主義を唱道しているものの心の奥底にはかような考え方もひそんでおるのだということを知って頂くには、丁度よい機会かと考えるので、岡部氏の論文を渡りに船として敢てこの駄文を此処に披露させて頂くのである」[14]。

「会計理論と会計実践との乖離」をもって副題とする岡部の論攷は「謂うところの会計理論は、通常、いかにも現実の会計実践のなかから生まれ、ひいてそこで現に実際的にも適用されているもののように考えられている。しかし事実についてみれば、この会計理論と会計実践との関係は単純にこのように云いうるものではない。両者の間にはむしろ多くの乖離が存在する」[15]として「本稿は、このような点を、評価原則、とくに原価主義を対象と

12　三邊『会計学を索ねて』29頁。

13　ただし、岡部の「原価主義の教義性(2・完)」は、三邊の「原価主義の教義性について」と同じく、『企業会計』の第6巻第2号に掲載されており、すなわち三邊は岡部の「(2・完)」には目を通すことなくこの論攷を書いたものと思われ、この点には些か違和感を覚えるが、この間の事情は分からない。

14　三邊『会計学を索ねて』29頁。

15　岡部利良「原価主義の教義性――会計理論と会計実践との乖離(1)」『企業会計』第6巻第1号、1954年、27頁。

して解明せんとしたものである」[16]とされる。

結論から述べれば、「一般に評価原則或いは原価主義に関する会計理論は、決して人々の云う如き実践性をもつものではなくして、かかる会計理論と会計実践とは、むしろ乖離しているものであるということである。……多少極端に云えば、通常評価論に云う如きかかる評価原則は、現実の会計実践の上では死物化しているものである、とさえ云わなければならない。評価原則についてみるとき、それはむしろ云わば教義的な性格をもつにとどまるものであるとみるのが正しいであろう」[17]とされる。

「論者たちは、会計理論は会計実践を基礎として成立すべきものであり、また会計理論は会計実践に役立つのでなければ理論として存在の意義はないという。……しかし、通常会計理論とされているものが、現にどのように現実の会計実践を基礎としており、或いは会計実践に役立っているのであるか」[18]と問う岡部によれば、「会計理論・評価論の上では、個々の評価原則のうち、原価主義は云わば最も支配的な位置にあるものであり、或いはそれは少なくとも多数説としてより多く主張され支持されているものであると云うことができるであろう」[19]とされ、「しかし、この原価主義を会計実践の上からみるときは、単純にこのようには云えない」[20]とされ、「原価主義における理論と実践との乖離」[21]が指摘

16　同上、27頁。

17　同上、28～29頁（圏点は原文）。

18　同上、29頁。

19　同上、30～31頁（圏点は原文）。

され、具体的には「低価主義がより広く行われているという会計実践」[22]が指摘され、「原価主義の優位性」[23]の軽視が指摘される。

「原価主義論者も、会計実践を重視することには変りなく、そして会計理論は会計実践を基礎とすべきものであり、またそれに役立たなければならないものであると云いながらも、しかし会計理論としては、これらの論者は、会計実践の領域ではむしろ一般的には必ずしも受け入れられず、ひいて一般には認められていない原価主義を主張するのである」[24]。

「原価主義が主張される根拠については、通常……客観的証拠が与えられていることにより確実性の存在すること、恣意性から解放されていること、便宜性の多いこと、等々の点が問題とされており、そしてこれらの点が原価主義の云わば優位性をなすものであることはたしかに事実である。しかし現実の会計実践においては低価主義がより広く行われているものであることをみるとき、かかる原価主義の優位性も実際的にはそれほど重要な意義を与えられているものではないと云わなければならない」[25]。

20　同上、31頁（圏点は原文）。
21　同上、31頁。
22　同上、31頁。
23　同上、32頁。
24　同上、31頁（圏点は原文）。
25　同上、32頁（圏点は原文）。

「かくして事実は明らかである。……原価主義は――会計理論における場合と異って――会計実践においては一般に行われているものではなく、そこではむしろ限定された適用性をもつにすぎないものであると云わなければならない」[26]とされ、「かくしてまた少くとも会計実践の領域では、原価主義は一般に認められた原則ではなくして、むしろ一般に認められていない原則であるとさえ云わなければならない」[27]とされるのである[28]。

もっとも如上の岡部の指摘については低価主義の捉え方が問われなければならないだろう。岡部は低価主義をもって、原価主義に非ざるもの、と捉えているが、しかしながら、果たしてそうか。低価主義は原価主義においてこそ存する、ともいえようが、ただし、低価主義の解釈論は本章の仕事ではない。

閑話休題。如上の岡部の論攷について「原価主義が現実の会計実践に於て岡部氏の指摘していられるように教義的性格しか持っておらない現状は何に由来しているか」[29]と問う三邊は二つの事訳をもって挙げる。一つは会計理論の後れであって、すなわち「その一つは従来の会計実践が、吾々が今日唱道するような会計理論を持ち合わせなかったためである」[30]とされ、いま一つは資本方程式の問題であって、すなわち「第二の原因は世間多数の会計学者が所謂資本方程式として 資産 − 負債 = 正味財産 なる形を示し、平然晏如としている点に在ると私は思う」[31]とされる。

---

26　岡部利良「原価主義の教義性――会計理論と会計実践との乖離(2・完)」『企業会計』第6巻第2号、1954年、33頁。

27　同上、33頁。

一つめの会計理論の後れについては次のように述べられる（以下、三邊の引用はこれが些か冗長に過ぎるかもしれないが、書きっ振りがかなり振るっているため、部分的な引用に止め措くのは余りにも惜しく、このようになった）。

---

28　なお、岡部は低価主義に加えて減価償却の問題にも言及している。

「いま以上に述べたところは、棚卸資産に関する事実についてであるが、更に固定資産についてみても、会計実践の上では通常原価主義（原価マイナス減価）は決してその本来の形のままで実行されているものではない。このことは、会計実践についてみるとき、減価償却は通常必ずしもその理論が教えるようには行われているものではなくして、それは、むしろ財務政策（とくにいわゆる利潤償却）に支配されていることの多いものであることから容易に考えられるところであり、またこのような点については既に広く知られているところでもある」（同上、33頁（圏点および（　）書きは原文））。

「かくして事実は明らかである。……原価主義は――会計理論における場合と異って――会計実践にはおいては一般に行われているものではなく、そこではむしろ限定された適用性をもつにすぎないものであると云わなければならない。棚卸資産に関しては低価主義がより一般的なものであり、固定資産についても、原価主義の正常な適用――とくに動的論者の云う如き費用配分原則の合理的な適用――は見出されない」（同上、33頁）。

29　三邊『会計学を索ねて』29頁。

30　同上、29頁。

31　同上、31頁。

「会計実践は従来は一方に於ては債権者保護を強調する商法の規定によりて指揮制約せられ、他方に於ては徴税本位で万事を視る税法の規定によりて制圧せられ、それ等の奴僕として唯だ命これ従うに忙しくして、自己本来の面目を省察する暇を持たないその間に、謂わば他律的に種々なる慣習を身につけてしまい、時価主義の如きにも手もなく屈服を余儀なくせられてしまったから、会計の自主性を目的とし、その固有の使命に忠実ならんがためには、如何にあるべきかを自律的に考察し行く会計理論の新規の要請の一つである原価主義の如きにも遽かには転向し得ないで寧ろ之より乖離しつつあるのであると、斯う私は考えるのである」[32]。

「換言すれば、吾々の会計理論は多年他律的に引き廻された会計実践の余りにも腑甲斐ない姿に、遅れ馳せながらも目を覚まし、会計の独立自主性を鼓吹し、その自律を強調するのであるが、旧来の因習に囚われて、未だにその覊絆を断ち切れずにいる会計実践の耳には、この新来の福音は、福音とは聞えないで、却って異端者の声の如くに響くから、眼を閉じ耳をふさいで、或はこれに反撥し、或はこれに背を向けて立ち去らんとするのである。もどかしと言えば如何にももどかしく、不思議とい《ママ》えばまた中々に不思議でもあるが、何事にもあれ、一旦身に滲込んだ習慣は、その原因の如何を問わず、一朝一夕にしては抜けきらないのが常であるから、吾々は諄々として時価論などの不合理なる所以を説き原価主義の妥

32　同上、29～30頁。

当性を述べ、斯くして漸次に商法や税法の規定によりて占領せられ、謂わばその殖民地化せる会計実践の野を自己に回復するの他はないのであって、その事の成就するまでは、原価主義は教義性を有するに過ぎないなどと言われても穏忍自重するの他はないのである」[33]。

会計実践は商法・税法の「奴僕」ないし「殖民地」であって「時価主義の如きにも手もなく屈服を余儀なくせられてしまった」とされ、会計理論はそうした「会計実践の余りにも腑甲斐ない姿に、遅れ馳せながらも目を覚まし」たとされているが、自主性を手にし、独立を果たした会計は原価主義に至るということか。

なお、先述のように、三邊によれば、そのかみの「潮流」は「時価主義」だったとされ、しかし、他方、岡部によれば、「原価主義」は「最も支配的な位置にあるもの」とされ、あるいは「少なくとも多数説」ともされているが、この両者の捉え方の異同の事訳は奈辺にあるのだろうか。

また、二つめの「資産 − 負債 = 正味財産」については次のように述べられる。

「私はこの式が財産状態説を唱える者によって作られたか、それともまたこの式が財産状態説を喚び起す原因となったか、その因果の関係を判定し得ないが、併し私は、それはどちら

*33*　同上、29〜30 頁。

であっても、この式が財産状態説を——従って時価論を——想起させるには十分恰好のものであることは否定出来ないであろうと思うからである。資産を式の左側に置いてその価額を計算し、是より負債額を差引いてその残額は即ち正味財産であるとすれば、その資産はその時の価格即ち所謂時価で評価するのであると解せらるるは極めて自然の推理で、是にそうでないなどと異議を挟む者がありとすれば、それこそ全く摩訶不思議といわざるを得ないであろう」[34]。

「この式は時価論の権化権現であり、時価論はこの式の形をとって会計実践に君臨すると言っても強ちには不可でないであろう。ところがこの方程式は米国式又は大陸式などと銘を打たれて会計実践の野に、そのアルファでありオメガであるとして普く採用されているから、世人は不知不識の間に、この式に吸引せられて何時とはなしに、時価論の遵奉者となるか、若くは少くともその魅力的な絆にまとい付かれて容易に之より脱出し得ないのである」[35]。

［資産 － 負債 ＝ 正味財産］という式は「時価論の権化権現であり、時価論はこの式の形をとって会計実践に君臨」し、「世人は不知不識の間に」「時価論の遵奉者となる」とされ、「諄々として時価論などの不合理なる所以を説き原価主義の妥当性を述べ」んとする三邊はその自説をもって次のように説くのである。

---

34　同上、31 頁。

35　同上、31～32 頁。

「そこで私はこの米国式又は大陸式とは反対に 負債（資本主の出資を含む）＝ 資産 と置く英国式貸借対照表の形を採り、是を原価主義の基礎としようとするのである。蓋し是によるときは、式の左側は企業の資本が如何なる方法手段によりて調達せられたか、その方法手段の表示であり、式の右側は斯くして調達せられた資本が如何なる財物使途の上に投下支出せられつつあるか、その有様の表示である。資産は此処に投下支出せられつつある資本金額即ち所謂取得原価の体現ではあるが、未だ売らない物の売値や売り得ない物の売値又はそれ等の値打の予想額でしかない所謂時価の表示ではないと、斯ういうことになって、原価主義は此処にその確乎たる基礎を有することとなるからである」[36]。

かくて［時価主義 vs. 取得原価主義］の問題が［資本等式 vs. 貸借対照表等式］の観点から論じられている。

**評価無用論**　また、『会計学を索ねて』所収の「貸借対照表学説と評価論」という論攷において三邊は「貸借対照表学説にはシュマーレンバッハ（Eugen Schmalenbach）[37] に依って唱えられる動的貸借対照表論あり、ニックリッシュ（Heinrich

36　同上、33～34頁（（　）書きは原文）。

37　「とくに費用動態論の泰斗であり、コンテンラーメン（勘定図解・会計制度）や原価計算の面でも大きな影響を与えてきた」（久野光朗（編纂）『会計と財務の英和辞典』2022年、1019頁（（　）書きは原文））。

Nicklisch)[38] 其他に依りて代表せらるる静的貸借対照表論あり、専らシュミット（Fritz Schmidt)[39] に依って唱導せらるる有機的貸借対照表論あり」[40] と説き起こし、これらの諸説を簡潔に概観の上、「是等学説に共通なる若干の疑問」[41] をもって俎上に載せる。

> 「却説吾々の私かに見る所を以てすれば、是等の貸借対照表学説は何れも貸借対照表は如何なる目的を以て作成せらるるかより論を起さずして、却って其は如何なる目的を以て作成せらるべきかより説を構うるのが常であって、此傾向はシュミット氏の場合に最も強く、シュマーレンバッハ、ニックリッシュ両氏の場合是に次ぐと謂い得るが如くであるが、斯の如きは仰も普通に吾々に課せられたる問題たるであろうか」[42]。
>
> 「吾々の解する所を以てすれば、普通に貸借対照表論として吾々に期待せらるる所の任務は、世間普通に謂う所の貸借対照表とは如何なる性質のものであって、且つまた如何なる目

38 「負債と資本を総資本概念でとらえ、「資産 = 資本」という貸借対照表等式を前提にして、いわゆる物的二勘定系統理論を展開した」（同上、778 頁）。

39 「その主張は、企業が全体経済の中の細胞であるという観点から、企業資本は決算日の取替原価で評価すべきだという」（同上、1019 頁）。

40 三邊『会計学を索ねて』24 頁。

41 同上、24 頁。

42 同上、25 頁。

的を以て作成せらるるものであるかを明らかにし、然る後に此目的達成の為めには如何なる価額を是に記載することを必要とするか等の問題を闡明するに在るのであって、決して自己限り通用の目的を樹立し、是に順応すべき評価論を弄ぶに在るのではないと、斯う考えらるるのであるが、是は果して吾々の誤解たるであろうか」[43]。

如上の貸借対照表の「べきか」の目的について具体的に述べれば、「有機的貸借対照表論は甚だしき物価変動期に処せんが為めに、静的貸借対照表論は第三者保護の為めに、動的貸借対照表論は企業の経済性向上の為めに、何れも唱えられたもの」[44]とされようが、「然るに是等の貸借対照表学説は……各自の目的とする所を異にする毎に、異る学説を唱え出すのであって、新奇と謂わば洵に新奇であろうが、併しまたそれだけに夫れ々々に偏倚する所も大であって、其儘にては到底通説たるを得ざる宿命、約束にありと斯様に吾々には思惟せらるるのである」[45]とされ[46]、また、貸借対照表は「如何なる目的を以て作成せらるべきかより説を構うる」諸説に対する批判はこれを換言すれば、「理想論当為論たるに止まって、現実の貸借対照表を対象とする実証論にあらざる」[47]とされる。

次いで三邊は「是等の貸借対照表学説が何れも貸借対照表を

43　同上、25 頁。
44　同上、25 頁。
45　同上、25～26 頁。

資産総額 = 資本 の形に於て観察し、資本 = 資産総額 の形に於て観察せざること」[48]を指摘する（表 10.1 参照）。すなわち、［G－W－G′］に鑑みれば、［資本 = 資産総額］は［G－W］を表

---

46　なお、動的貸借対照表論については以下のように補説されている。

> 「或は此点に関しても異議を唱え、彼の動的貸借対照表論が今や独逸の会計学会を風靡して漸く其通説として肯われんとする事実を指摘し来りて吾々の此言の当らざるを喝破せらるる人々も多々あらんかなれども、併し少しく思を廻らして動的貸借対照表論が克く謂わるるが如き勢に在る其の真の原因は、其の所論の内容が外貌の新奇なるとは反対に極めて従来普通の貸借対照表学説に近くして、其の限りに於ては何等の新奇をも有せざる点に在り……普通の貸借対照表説と大に異る所なく……其評価論が結局に於て……通説に帰着し居る点に在り云々」（同上、26 頁）。

「普通の」説、「通説」とは何か。

動態論については例えば「一般に、動態論はシュマーレンバッハが確立したと考えられているが、同じ時期に下野（下野直太郎）も同じことを考えていた」（小野正芳「下野直太郎と収支簿記」上野清貴（編著）『日本簿記学説の歴史探訪』2019 年、4 頁）ともいわれるが、ただし、「普通の」説、「通説」とは、誰もが考え付くような説ということではなく、何らかの普遍性を有し、しかるがゆえに人々に共有されやすい考え方ということか。

下野については下記のものを参照。

友岡賛『日本会計史』2018 年、74～79 頁。

47　三邊『会計学を索ねて』28 頁。

48　同上、26 頁。

表10.1　三邊における［時価主義 vs. 取得原価主義］

| 貸借対照表の捉え方 | | 評価論 | 資本方程式 |
|---|---|---|---|
| 資産総額 = 資本 | W－G′ | 時価主義 | 資産 － 負債 = 正味財産 |
| 資本 = 資産総額 | G－W | 取得原価主義（評価無用論） | 負債（資本主の出資を含む）= 資産 |

すものとして貸借対照表をみることを意味し、他方、［資産総額＝資本］は［W－G′］を表すものとして貸借対照表をみることを意味するとされ、評価論はこれが後者の向きにおいて唱えられることとなるが、三邊によれば、貸借対照表は［G－W］を表すものと捉えられ[49]、「従って評価論の如きは全く其必要なしという結論となるのである」[50]。

これを會田は「評価無用論」[51]と称する。會田によれば、「コスト主義の徹底こそ近代会計の原則」[52]とする三邊の立場は「評価無用論、徹底した原価主義」[53]とされ、あるいは「支出主義会計学」[54]ともされる。

なお、如上の問題は、ともすると、貸借対照表は［G－W］を表すべきか、はたまた［W－G′］を表すべきか、として論じられようが、しかしながら、当為論（「べき」論）を否定し、実証論

49　同上、26～27頁。

50　同上、27頁。

51　會田『随想 三田山上三十五年一日』17頁。

52　同上、30頁。

53　同上、17頁。

54　同上、44頁。

をもって是とする三邊によれば、「世間の実際に就て、何を貸借対照表と云うかと詮索し来るときは、其所謂貸借対照表は何処に貨幣資本を求めて何処に是を投下運用しつつあるか、一定日に於ける其状態を示すものに外ならずと解するの常たることを発見するのである」[55]とされ、「故に叙上の問題に対しては G－W を表示するものと答うるものこそ即ち正解なり」[56]とされるのである。

55　三邊『会計学を索ねて』27 頁。
56　同上、27 頁。

# 第11章　三田の会計学者たち*

日本にあって初の洋式簿記書にして第2の複式簿記書『帳合之法』、福澤諭吉の手になるこの訳書をもつ慶應義塾は、したがって、ときにこの国における近代会計（学）の原点ともされる。この塾の会計学は三邊金蔵によって拓かれ、また、その礎石は彼と小高泰雄によって据えられた。三邊、小高を財務会計論において後継したのは山桝忠恕、會田義雄、峯村信吉、彼らによって開花したこの塾の会計学だった。財務会計論においてはこの3教授の時代、他方、主として財務管理論においてあったのは和田木松太郎だった。

＊　本章は慶應義塾大学商学部の創立50周年を記念して書かれたものであり、該時点における物故者が対象とされている。

# I

かのルカ・パチョーリ（Luca Pacioli）の『スムマ』（*Summa de Arithmetica Geometria Proportioni et Proportionalita*）（1494年）などをもって中世イタリアより諸地へ伝播をみた洋式簿記（ベネツィア式簿記）、そのわが国への伝播は一般に明治初期のこととされているが、これは洋式簿記書『帳合之法』の存在があるからである。周知のとおり、『帳合之法』は1873年6月に上木された初編がわが国にあって初の洋式簿記書、また、翌1874年6月に上木された二編が（アレクサンダー・アラン・シャンド（Alexander Allan Shand）のものした1873年12月刊の『銀行簿記精法』に次ぐ）わが国において第2の複式簿記書とされ、福澤諭吉の手になるこの訳書（原書はH. B. ブライアント（H. B. Bryant）、H. D. ストラットン（H. D. Stratton）、およびS. S. パッカード（S. S. Packard）の *Bryant and Stratton's Common School Book-Keeping: Embracing Single and Double Entry*（1871年））をもつ慶應義塾は、したがって、ときにわが国における近代会計（学）の原点ともされる（ちなみに、例えば1988年9月、慶應義塾は三田山上にて行われた日本会計研究学会第47回大会はこうした理解のもと、統一論題報告の共通題目をもって「会計の原点……」とした）。

もっとも、この書の存在のみをもって「原点」などと称されてよいのか、ということについては相応の疑問もないではないし、また、たといそのように称されるとしても、あとが続かなければ、原点もただの点に終わる。福澤の『帳合之法』をもつこの塾が爾来 1 世紀半、わが国における会計（学）の近代化プロセスにあって真に原点に恥じない貢献をなしてきたかどうか、は知らない。

## II

三田の会計学は三邊金蔵によって拓かれ、また、その礎石は彼と小高泰雄によって据えられた。

慶應義塾にあって最初の「会計学」は三邊によって講じられた。

いまだ揺籃期のわが国の会計学界にあって独自の理論を展開した先駆のひとりとされる。その学説は揺るぎない原価主義をもって知られ、時価主義による静態的な評価論、貸借対照表価値論を否定した。資本調達の有り様にこそ鑑みての支出額による評価論はいわば「評価無用論、徹底した原価主義でさしつかえないと主張する」[1]。

最後の著の「序」いわく、「此所に収拾展示する幾篇かの私見は、私が会計学を索ねて遍歴遍路求道の旅にさすらいながら、折に触れ時に臨みて、辿り行く道のかたへに折掛けた謂わば栞のようなものである。……私自身にとっては、思出多き色とりどりの忍草、愛着して自ら捨て難きものあると同時に、其のいずれもが取得原価主義に立脚して展開したものであるから、時価主義の潮流に浸っておらるる多数の人々にとっても、或はまた他山の石た

---

1　會田義雄『随想 三田山上三十五年一日――会計学を索ねて』1989 年、17 頁。

るの用をなす機会もあるべきかと、私かに考うるのである」[2]。

1912年より海外留学、まずはロンドン大学政治経済学院にてかのローレンス R. ディクシー（Lawrence R. Dicksee）[3]の講義を聴いたものの、「聴講の回数が重なるに従って私の不安焦燥の感は段々つのるばかり……自分の索めて居るものは、此所ではまだ簿記と表裏一体……暗澹たる前途を相望して意気消沈鉛のように重い苦悩を小さき胸に抱きながら英国を去って独乙に行った。理論ずきの独乙の学者なら多少は必らず答えて呉れるであろうと、私かに信じたからであった」[4]。しかしながら、のちに「私は……負債（資本主の出資を含む）= 資産 と置く英国式貸借対照表の形を採り、是を原価主義の基礎としようとするのである」[5]に至り、「英国式貸借対照表は……決して之を非難すべき理由はないと主

2　三邊金蔵『会計学を索ねて』1954年、「序」頁なし。

3　バーミンガム大学にてイギリス初の会計学教授を務めた（1902年～1906年）のち、ロンドン大学政治経済学院の準教授（1912年～）を経て1914年に同学院初の会計学教授に就任（友岡賛『会計プロフェッションの発展』2005年、253～256頁）。*Auditing: A Practical Manual for Auditors*（1892年）を首めとする「テキストの著者として大成功を収め、また、すこぶる多作であったため、「会計の文献は彼が独り書いたと述べても過言ではない」といわれるほどであった」（R. H. パーカー／友岡賛、小林麻衣子（訳）『会計士の歴史』2006年、95頁）し、また、「許多ある著書はそのいずれについても「「Dicksee」を引くことはその問題の権威を引くこと」とされ」（友岡『会計プロフェッションの発展』255頁）た。

4　三邊『会計学を索ねて』2～3頁。

5　同上、33頁。

張し得る。と同時に英国には何故貸借対照表価値論が盛んに行われなかったかという理由もまた了承し得るのであって、私が嘗つて前にも述べた通り、英国には簿記はあるが会計学はないなどと考えたのは、全く自己の浅学無識無思慮を曝け出したものに他ならないと、今更ながら深く恥入り、陳謝の言葉を今は既に故人となられたディクシイ教授の霊前に捧げるばかりである」[6]。

1937 年に設立をみた日本会計研究学会にあって発起人（8 名）に名を列ね、初代の常務理事を務めた[7]。

次いで小高が「会計学」を講ずる。

「小高博士は……三辺博士のもとで所謂景気変動論及び恐慌論の研究に従事され……小高泰雄博士の研究生活は、先ず景気変動論の研究から開始せられたのであるが、しかしこれらの研究は、留学当時、即ち昭和 12 年頃に一つの大きな転換を余儀なくせられた。……この事情は全く慶応義塾大学の事情であったのだが、大学当局は小高博士が留学せられる直前になって……当時新たに注目を浴び出した原価計算論の研究を博士に委託したのである。従って小高博士は、その留学期間中、実に景気変動論と経営学、特に原価計算の二つの専門を研究課題として出発せられたのであった」[8]。

---

6　同上、13 頁。

7　日本会計研究学会 50 年史編集委員会（編）『日本会計研究学会 50 年史』1987 年、1、7 頁。

ちなみに、三邊、小高の時代は1930年代の後半より「慶應義塾大学講座　経済学」と称された叢書が慶應出版社より刊行をみている（ちなみに、第1巻は高橋誠一郎『経済原論』）が、これにおいては『会計学』（第30巻、1941年）および『経営分析』（第31巻、1943年）を三邊が担当、小高は『景気変動論』（第27巻、1938年）および『経営経済学』（第29巻、1943年）をものしている。

会計学における主要研究領域は管理会計論にあったが、財務会計論においては損益計算に繋がる評価論をもって会計学の第一の課題とする。原価主義、時価主義のいずれか一方のみを主張することはないものの、ときにフリッツ・シュミット（Fritz Schmidt）の時価主義にもとづく資本維持論を展開するなど、経営維持の見地からする会計理論の構成をもって基本的な立場とした。小高の弟子は次のように述懐している。「(三邊）先生は……講義のときに、「君、小高君は時価主義らしいね、どうしたのかね」と質問される。……このように当時から、原価主義と時価主義の2人の会計学者がいる。片方は原価主義で、片方は全く対立する時価主義を唱えるという、そういう意味でまさにここの三田キャンパスは自由な考え方の学園なのだなあと感じたのを記憶しております」[9]。

他方、「会計学（管理会計論）、経営学の研究方法として実証的

---

8　小島三郎「小高先生の「経営学説」について」慶應義塾経営会計研究室（編）『経営組織と計算制度——小高泰雄博士還暦記念論文集』1964年、323～325頁。

9　會田『随想 三田山上三十五年一日』17頁。

研究方法を重視……（小高）先生は……実際に企業におもむかれ、原価計算やら原単位計算を克明に研究され、多くの著書でその実証研究の成果を公表されておられました」[10]。

## Ⅲ

次代の担い手たちが育ち始める。

その様子は例えば1959年、慶應通信より刊行をみた『会計学の展開――戦後わが国における会計学の発展』に看取することができる。小高と山桝忠恕によって監修されたこの書は奥付には「著者代表 ⓒ 山桝忠恕」[11]と記され、「序」は「本書の上梓せられるに当たって、共著者山桝忠恕助教授が全篇にわたり綿密周到なる検討を加えられたのみでなく、その適切な助言によって幾多重要な修正が加えられた……同君は最近神戸商科大学より会計学担当のため本塾商学部に招聘せられ……このよき友を得て、本塾の会計学研究が前途に大いなる光明を得たことを信じて疑わないのである。また同君を援けて本塾講師会田義雄君と安達和夫君がそれぞれ重要な部分を執筆し、校閲せられた」[12]と述べ、構成および執筆者は以下のとおりだった。

---

10　同上、18頁。

11　小高泰雄、山桝忠恕（監修）『会計学の展開――戦後わが国における会計学の発展』1959年、頁なし。

12　同上、2頁。

なお、黒澤清（横浜国立大学学長）による書評[13]は「忠実・精細な発展史」との見出しのもと、「日本会計学の戦後の展開および現状について、生き生きとした筆でみごとに描写している」と述べている。

## Ⅳ

三邊、小高を財務会計論において後継したのは同世代の3教授。山桝、會田義雄、峯村信吉、彼らによって開花した三田の会計学であった（その花はまだ咲いているのだろうか）。

13　掲載紙誌などは不詳。慶應義塾図書館蔵のこの書（BC＠3A＠766）に切り抜きが貼附されている。

ひとりめは山桝。

「（山桝）先生は、簿記・会計・監査の諸領域にわたって卓越した業績をあげられたが、その3領域を孤立的に取り扱うことはなかった。すなわち、一方、簿記における企業資本等式を会計の前提として据えつつ、他方、監査をもって会計のゴールと位置づけることによって、その3領域の統合を企図され、ひとつの全一体としての「会計」像を構築されようとしたのである。……会計学を一個の学問たらしめるべく、統合性を徹底的に追究されたのである」[14]。

「統合は、会計固有の方法でなされるべきことを強調されてやまなかった。つまり他の学問におけるアプローチで済むのなら、会計学は、不要であることを意味しかねない。そうであれば、「会計のことは会計に聞く」しかないであろう。そうした問題意識のもとに、先生は、勘定理論の復権・再興を会計学の最優先課題と位置づけ、勘定理論的アプローチの重要性を高唱されたのである」[15]。

1957年に発足をみた「（慶應義塾大学の）商学部は……新分野を開拓しつつ時代の進展に指針を示すべき使命をになった。そのための基礎研究機関として「商学会」が設置され」[16]、「商学部が、草創の苦難に堪えて、次第にその基礎を充実していった時期……

14　笠井昭次「あすなろに徹し切った人　山桝忠恕先生」『企業会計』第48巻第9号、1996年、98頁。

15　同上、98頁。

商学会は……昭和36年2月には有斐閣から、「商学研究叢書」第1巻、山桝忠恕君「監査制度の展開」を刊行」[17]、この書は「監査の歴史性・制度性に焦点を当て……英・仏・独・スイス・米の監査制度の展開……から監査の本質を抽出……わが国のあるはずの監査制度の方向付けを示唆」[18]するものだった。

「飯野君のあれが出るまでは受験参考書のベスト・セラーだったのに……」（本人談《ぼやき》）（「飯野君のあれ」とは飯野利夫（中央大学教授）の『財務会計論』（同文舘出版、1977年））という嶌村剛雄（明治大学教授）との共著のテキスト『体系財務諸表論　理論篇』（税務経理協会、1973年）および『体系財務諸表論　基準篇』（同）は「共著であるが、機械的な分担執筆の如き著書ではない。……論理展開の厳密さ……この点は他著の追随を許さない特色であろう。……論点の網羅性……他著ではほとんど触れられていない点まで事細かに言及され、卓越した見識が示されている」[19]。

次いで會田。

---

16　宇治順一郎「経済学部 付商学部」慶應義塾（編）『慶應義塾百年史［別巻］　大学編』1962年、201頁。

17　増井健一「商学部20年を顧る――定年で退かれる森五郎君を送るのを機会に」『三田商学研究』第21巻第4号、1978年、171頁。

18　友杉芳正「山桝先生の監査学説」『三田商学研究』第29巻特別号、1987年、204頁。

19　小樽商科大学会計研究会「大学レベルの財務会計テキストの検討(1)」『産業經理』第54巻第2号、1994年（野口昌良稿）133～134頁（ただし、これは『理論篇』についての評）。

「かつて慶應義塾に会計学の「三教授」があった。山桝忠恕、峯村信吉、そして會田であった。……三者三様の存在そのものが「三田の会計学」の気風を物語っていた。……そしてまた、會田こそは、まさにその気風の体現者であった」[20]。

小高の管理会計論にもちいられたアプローチを継承したその学風は、実証の会計学、として知られる。会計学の全領域を熟し、就中、連結会計論においては先駆にして権威であった。「連結会計を課題としながら……実証的考察という私の特徴も生かされ……昭和50年6月の「連結財務諸表原則」の作成の小委員会や起草委員会に参画……この連結原則でも実証的考察を重視していること……が役立ちました」[21]。

なお、「よく私の見解は會田（＝間《あいだ》）の名にちなんでか、折衷的な見解が多いとも評されていましたが」[22]、「いわば革命方式ではなしに漸次に近代化する方式で我が国での連結会計の制度化がはかられ、その仕事に私も参加し得たのであります」[23]。

「大学人の仕事は3つあって、教育と研究と行政だという。私は會田先生ほど、この3つの分野のバランスを十分にとった人を知らない」[24]。「大学人としての故人（會田）はこのことに尽きております」[25]。

---

20　友岡賛「三田の会計学、そのひとつの時代の終焉――會田義雄博士の長逝にあたって」『三田評論』第973号、1995年、124頁。

21　會田『随想 三田山上三十五年一日』26頁。

22　同上、27頁。

23　同上、26～27頁。

いまひとりは峯村。

まずは、減価償却論の泰斗、として知られる。理論と実際の乖離に意を払い、資本回収計算論として説いた減価償却論だった。

さらには物価変動会計論をもって手掛け、「多くの、しかもどれもが質の高い著書がある。けれど、13年前の *Inflation Accounting* (Keio Tsushin, 1980) が最後になった。その後の峯村さんは経済学と会計学との関係に思いをめぐらしていた。峯村さんにとって、それは畢生の仕事だった」[26]。

「会計学に経済学の論理を導入すること自体が会計学の自殺行為のようなことにならないともかぎらない……私は、そのことは否定しません。しかし我われが会計といっているものは、ビジブル (visible) な、目にみえる数字からなる会計を指すかぎり、それは、必ずしも経済の実体に沿った計算構造であるとはいえないことも確かです」[27]。

3教授のうちにて最も学者らしい人だった[28]。

---

24　佐野陽子「序」『三田商学研究』第32巻第5号、1989年、頁なし。

25　友岡「三田の会計学、そのひとつの時代の終焉」125頁。

26　友岡賛「峯村さんと過ごした日々」『三田評論』第949号、1993年、93頁。

27　峯村信吉「会計学の基礎理論」『三田商学研究』第29巻第5号、1986年、6頁。

28　下記のものを参照。
友岡「峯村さんと過ごした日々」。

## V

財務会計論においては如上の3教授の時代、他方、主として財務管理論においてあったのは和田木松太郎だった。

まずは「最近まで会計学で論ぜられたところは悉く過去計算を其の対象となし、過ぎ去った期間の正確なる成果計算を以て窮極の目的となし来った。……然し乍ら……未来計算の重要性をも亦軽視してはならない。過去計算、未来計算は或意味で互に相並んで企業の会計を形成する」[29]として「予算統制について……その理論と実証的研究」[30]を手掛け、次いで「経営管理上の諸問題……のうち資本に関する問題、すなわち、その調達、運用、成果配分の合理性を評価せんとするもの」[31]ないし「長期にわたる企業の生産力維持発展および経営活動の円滑なる運営とその成果の向上をはかるため、諸計算制度ならびに財務諸資料を駆使して財務の立場より経営活動を指導せんとするもの」[32]と定義する「財務管理について……その理論と実証的研究並びにケース作成」[33]を手掛け、また、「現代の企業会計を理解するため企業会計の歴

29　和田木松太郎『予算統制制度』1954年、1〜2頁。

30　慶應義塾大学商学部（編）『慶應義塾大学商学部　研究テーマ集録（昭和41年）』1966年、104頁。

31　和田木松太郎『財務管理――理論とケース』1963年、1頁。

32　同上、11頁。

33　慶應義塾大学商学部（編）『慶應義塾大学商学部　研究テーマ集録（昭和41年）』104頁。

史について」[34]も述べ、以下のようなかなり個性的な構成をもつテキスト『現代企業会計——理論とケース』(泉文堂、1981年)をものしている。

第1章　企業会計の基礎
　第2節　企業会計の歴史
　　1　簿記の歴史
　　2　会計学の歴史
　　3　管理会計の歴史
第2章　複式簿記
第3章　会計学
第4章　原価計算
第5章　予算制度
ケース

なお、「著書『現代企業会計』『最新簿記提要』(泉文堂、1953年)『財務管理論』[35]は広く知られているが、『日・インドネシア・英対訳会計用語辞典』[36]は、日本人の知らないインドネシアにおける名著である。……今でもコピーとなってインドネシアで広く読まれているという。本業でない分野で留学生に対する好意からだけで本を執筆することはいかに難しいか」[37]。

34　和田木松太郎『現代企業会計——理論とケース』1981年、1頁。
35　『財務管理』のことか。
36　正しくは『会計用語集——日本語－インドネシア語－英語』1963年。

## Ⅵ

三田の会計学の系譜、として論述したかったが、果たせず（しかも、物故者[38]についてのみ、にて）擱筆する。

「ただしまた、しかしながら、系譜といいうるような、いわば「学問的なつながり」をどの程度みいだしうるか？　それは善くも悪くも疑問である。——「慶應義塾は早くからして封建的な師弟関係を排斥した。もとより、この塾に師承伝受などのあるべき筈はない」（高橋誠一郎）」[39]。

（むろん）未完

---

*37*　藤森三男「わが和田木松太郎先生を偲ぶ」『三田商学研究』第 30 巻第 5 号、1987 年、223 頁。

*38*　注記＊をみよ。

*39*　友岡賛「三田の会計学」『三色旗』第 586 号、1997 年、26 頁。

# 文献リスト

會田義雄『会計学』国元書房、1976 年。
會田義雄『簿記講義』国元書房、1979 年。
會田義雄「基礎概念」會田義雄、會田一雄『簿記テキスト』国元書房、1988 年。
會田義雄「複式簿記の仕組み」會田義雄（編著）『教養会計学』第三出版、1988 年。
會田義雄『随想 三田山上三十五年一日――会計学を索ねて』税務経理協会、1989 年。
安藤英義「保守主義の原則と重要性の原則――各国の会計基準等と会計の機能」『松山大学論集』第 5 巻第 4 号、1993 年。
安藤英義『簿記会計の研究』中央経済社、2001 年。
青柳文司「会計学の本質」黒澤清（責任編集）『近代会計学大系［第 1 巻］ 会計学の基礎概念』中央経済社、1968 年。
青柳文司『会計学への道』同文舘出版、1976 年。
青柳文司『会計学の原理（新版）』中央経済社、1979 年。
青柳文司「会計学の中心概念」山桝忠恕（責任編集）『体系近代会計学［第 1 巻］ 会計学基礎理論』中央経済社、1980 年。
新井清光『会計公準論（増補版）』中央経済社、1978 年。
マイク・ブルースター（Mike Brewster）／友岡賛（監訳）、山内あゆ子（訳）『会計破綻』税務経理協会、2004 年。
全在紋「「複式簿記」の文脈的意義について」『桃山学院大学環太平洋圏経営研究』第 22 号、2021 年。
全在紋「「複式簿記」認識の時代錯誤について」『桃山学院大学経済経営論集』第 62 巻第 4 号、2021 年。
千葉準一、中野常男（責任編集）『体系現代会計学［第 8 巻］ 会計と会計学の歴史』中央経済社、2012 年。
醍醐聰「実現基準の再構成」『企業会計』第 42 巻第 1 号、1990 年。
出口正之「はじめに」出口正之、藤井秀樹（編著）『会計学と人類学のトランスフォーマティブ研究』清水弘文堂書房、2021 年。

出口正之「領域設定総合化法によるトランスフォーマティブ研究序説」出口正之、藤井秀樹（編著）『会計学と人類学のトランスフォーマティブ研究』清水弘文堂書房、2021 年。

Financial Accounting Standards Board, Statement of Financial Accounting Concepts No.2, *Qualitative Characteristics of Accounting Information*, 1980.

藤井秀樹『入門財務会計（第 2 版）』中央経済社、2017 年。

藤井秀樹「会計研究に対する人類学の示唆——会計の基礎概念と利益計算の性質」出口正之、藤井秀樹（編著）『会計学と人類学のトランスフォーマティブ研究』清水弘文堂書房、2021 年。

藤森三男「わが和田木松太郎先生を偲ぶ」『三田商学研究』第 30 巻第 5 号、1987 年。

福井義高『たかが会計——資本コスト、コーポレートガバナンスの新常識』中央経済社、2021 年。

福岡正夫『ゼミナール経済学入門（第 4 刷）』日本経済新聞出版社、2008 年。

デヴィッド・グレーバー（David Graeber）／酒井隆史（監訳）、高祖岩三郎、佐々木夏子（訳）『負債論——貨幣と暴力の 5000 年』以文社、2016 年。

原俊雄「財務報告の展開と簿記・会計の揺らぎ」安藤英義（編著）『会計学論考——歴史と最近の動向』中央経済社、2007 年。

橋本寿哉「簿記・会計の起源——勘定の生成」野口昌良、清水泰洋、中村恒彦、本間正人、北浦貴士（編）『会計のヒストリー80』中央経済社、2020 年。

八田進二（編著）『ゴーイング・コンサーン情報の開示と監査』中央経済社、2001 年。

畠山久志「仮想通貨と法的規制」林康史（編）『貨幣と通貨の法文化』国際書院、2016 年。

早川真悠「ハイパー・インフレ下の人びとの会計——多通貨・多尺度に着目して」出口正之、藤井秀樹（編著）『会計学と人類学のトランスフォーマティブ研究』清水弘文堂書房、2021 年。

早川豊（編著）『保守主義と時価会計——透明性の拡大』同文舘出版、2002

年。
早川豊「透明性ある保守主義と時価会計」早川豊（編著）『保守主義と時価会計――透明性の拡大』同文舘出版、2002 年。
林隆敏『継続企業監査論――ゴーイング・コンサーン問題の研究』中央経済社、2005 年。
林康史「貨幣とは何か」林康史（編）『貨幣と通貨の法文化』国際書院、2016 年。
林康史「貨幣を歩く［第 1 回］　コロナ対策の特殊通貨の発行」『企業会計』第 73 巻第 1 号、2021 年。
平林喜博（編著）『近代会計成立史』同文舘出版、2005 年。
平林喜博「会計史の意義」平林喜博（編著）『近代会計成立史』同文舘出版、2005 年。
平松一夫、広瀬義州（訳）『FASB 財務会計の諸概念（増補版）』中央経済社、2002 年。
広瀬義州「取得原価主義会計の存立基盤」『早稲田商学』第 373 号、1997 年。
広瀬義州『財務会計（第 13 版）』中央経済社、2015 年。
星野一郎『詳解 財務会計論――制度と慣習と政策のルール』同文舘出版、2020 年。
飯野利夫『財務会計論（改訂版）』同文舘出版、1983 年。
井上達雄『例解会計簿記精義（新版）』白桃書房、1976 年。
石田万由里「安平昭二と実体・名目二勘定系統説」上野清貴（編著）『日本簿記学説の歴史探訪』創成社、2019 年。
石川純治『変わる社会、変わる会計――激動の時代をよむ』日本評論社、2006 年。
石川純治『基礎学問としての会計学――構造・歴史・方法』中央経済社、2018 年。
板谷敏彦『金融の世界史――バブルと戦争と株式市場』新潮社、2013 年。
伊藤邦雄『新・現代会計入門（第 4 版）』日本経済新聞出版社、2020 年。
岩崎勇「簿記の意義と特徴」岩崎勇（編著）『AI 時代に複式簿記は終焉するか』税務経理協会、2021 年。
岩崎健久、平石智紀『レクチャー財務諸表論（第 2 版）』中央経済社、2022 年。

亀岡恵理子、福川裕徳、永見尊、鳥羽至英『財務諸表監査』国元書房、2021年。
笠井昭次「あすなろに徹し切った人　山桝忠恕先生」『企業会計』第48巻第9号、1996年。
川本淳、野口昌良、勝尾裕子、山田純平、荒田映子『はじめて出会う会計学（新版）』有斐閣、2015年。
河﨑照行「会計理論・会計制度の継承と変革」河﨑照行（編著）『会計研究の挑戦——理論と制度における「知」の融合』中央経済社、2020年。
トーマス A. キング（Thomas A. King）／友岡賛（訳）『歴史に学ぶ会計の「なぜ？」——アメリカ会計史入門』税務経理協会、2015年。
慶應義塾大学商学部（編）『慶應義塾大学商学部　研究テーマ集録（昭和41年）』慶應義塾大学商学部、1966年。
小林伸行「形式的な勘定分類からみた複式簿記の機能」瀧田輝己（編著）『複式簿記——根本原則の研究』白桃書房、2007年。
コーラー（Eric L. Kohler）／染谷恭次郎（訳）『会計学辞典』丸善、1973年。
小島男佐夫（責任編集）『体系近代会計学［第6巻］　会計史および会計学史』中央経済社、1979年。
小島男佐夫「簿記会計史研究の発展」小島男佐夫（責任編集）『体系近代会計学［第6巻］　会計史および会計学史』中央経済社、1979年。
小島三郎「小高先生の「経営学説」について」慶應義塾経営会計研究室（編）『経営組織と計算制度——小高泰雄博士還暦記念論文集』中央経済社、1964年。
小高泰雄、山桝忠恕（監修）『会計学の展開——戦後わが国における会計学の発展』慶應通信、1959年。
久保淳司「税効果会計と保守主義」早川豊（編著）『保守主義と時価会計——透明性の拡大』同文舘出版、2002年。
工藤栄一郎『会計記録の基礎』中央経済社、2011年。
工藤栄一郎『会計記録の研究』中央経済社、2015年。
工藤栄一郎「象徴としての大福帳」『企業会計』第71巻第6号、2019年。
工藤栄一郎「会計史研究と人類学の対話可能性」出口正之、藤井秀樹（編著）『会計学と人類学のトランスフォーマティブ研究』清水弘文堂書房、2021年。

久野光朗（編纂）『会計と財務の英和辞典』同文舘出版、2022年。
黒川行治「組織の独立・自己責任の推進者　高橋吉之助先生」『企業会計』第50巻第9号、1998年。
黒澤清「重要性の原則——一般原則における重要性の原則の意味関連」『企業会計』第26巻第12号、1974年。
A. C. リトルトン（A. C. Littleton）／大塚俊郎（訳）『会計理論の構造』東洋経済新報社、1955年。
リトルトン（A. C. Littleton）／片野一郎（訳）、清水宗一（助訳）『会計発達史（増補版）』同文舘出版、1978年。
増井健一「商学部20年を顧る——定年で退かれる森五郎君を送るのを機会に」『三田商学研究』第21巻第4号、1978年。
松本祥尚「リスク・アプローチ」野口昌良、清水泰洋、中村恒彦、本間正人、北浦貴士（編）『会計のヒストリー80』中央経済社、2020年。
松本祥尚「監査手続——実証手続・分析的手続・その他各種手続」野口昌良、清水泰洋、中村恒彦、本間正人、北浦貴士（編）『会計のヒストリー80』中央経済社、2020年。
松下真也「森田学説における尺度性利益の研究」安藤英義、新田忠誓（編著）『森田哲彌学説の研究——一橋会計学の展開』中央経済社、2020年。
峯村信吉「会計学の基礎理論」『三田商学研究』第29巻第5号、1986年。
三代川正秀「道具に制約された会計学的思考」出口正之、藤井秀樹（編著）『会計学と人類学のトランスフォーマティブ研究』清水弘文堂書房、2021年。
森川八洲男「重要性の原則と保守主義経理」『企業会計』第26巻第12号、1974年。
森田広大『イギリス簿記史論——17世紀イングランド簿記書の研究』森山書店、2021年。
森田哲彌「企業会計原則における収益（利益）認識基準の検討——実現主義の観点から」『企業会計』第42巻第1号、1990年。
村上仁一郎『会計方法論』中央経済社、1983年。
永見尊『条件付監査意見論』国元書房、2011年。
中村文彦『簿記の思考と技法』森山書店、2018年。

中村文彦『財務会計制度の論と理』森山書店、2021年。

中村謙「真の見越と真の繰延――費用収益対応の原則に関連して」『福岡大学商学論叢』第5巻第2号、1960年。

中村忠「費用配分の原則と費用収益対応の原則」『産業經理』第40巻第12号、1980年。

中村忠『新訂 現代簿記』白桃書房、1993年。

中村忠『新稿 現代会計学（9訂版）』白桃書房、2005年。

中野常男『複式簿記会計原理（第2版）』中央経済社、2000年。

中野常男「複式簿記の基本構造とその成立過程」中野常男（編著）『複式簿記の構造と機能――過去・現在・未来』同文舘出版、2007年。

中野常男「実在勘定」神戸大学会計学研究室（編）『会計学辞典（第6版）』同文舘出版、2007年。

中野常男「名目勘定」神戸大学会計学研究室（編）『会計学辞典（第6版）』同文舘出版、2007年。

中野常男、清水泰洋（編著）『近代会計史入門（第2版）』同文舘出版、2019年。

中瀬哲史『エッセンシャル経営史――生産システムの歴史的分析』中央経済社、2016年。

根箭重男『保守主義會計の發現形態』ミネルヴァ書房、1961年。

日本会計研究学会50年史編集委員会（編）『日本会計研究学会50年史』日本会計研究学会、1987年。

仁木久惠『フランス会計の展開――複式簿記の生成から現代』千倉書房、2018年。

西尾実、岩淵悦太郎、水谷静夫（編）『岩波国語辞典（第5版）』岩波書店、1994年。

西谷順平『保守主義のジレンマ――会計基礎概念の内部化』中央経済社、2016年。

Christopher Nobes, *Accounting: A Very Short Introduction*, Oxford University Press, 2014.

クリストファー・ノーベス（Christopher Nobes）／水谷文宣（訳）『会計学入門』税務経理協会、2021年。

野口昌良、清水泰洋、中村恒彦、本間正人、北浦貴士（編）『会計のヒストリー80』中央経済社、2020年。
岡部利良「原価主義の教義性――会計理論と会計実践との乖離（1）」『企業会計』第6巻第1号、1954年。
岡部利良「原価主義の教義性――会計理論と会計実践との乖離（2・完）」『企業会計』第6巻第2号、1954年。
岡橋保『貨幣論（増補新版）』春秋社、1957年。
岡本愛次「費用収益対応の原則」『彦根論叢』第34号、1956年。
岡本愛次「会計方法論序説」『會計』第85巻第3号、1964年。
岡本愛次「会計方法論における若干の問題点」『會計』第91巻第5号、1967年。
岡本愛次『会計学の基本問題』ミネルヴァ書房、1977年。
岡下敏「実在勘定」安藤英義、新田忠誓、伊藤邦雄、廣本敏郎（編集代表）『会計学大辞典（第5版）』中央経済社、2007年。
岡下敏「名目勘定」安藤英義、新田忠誓、伊藤邦雄、廣本敏郎（編集代表）『会計学大辞典（第5版）』中央経済社、2007年。
小野正芳「下野直太郎と収支簿記」上野清貴（編著）『日本簿記学説の歴史探訪』創成社、2019年。
小野武美『企業統治の会計史――戦前期日本企業の所有構造と会計行動』中央経済社、2021年。
小樽商科大学会計研究会「大学レベルの財務会計テキストの検討（1）」『産業經理』第54巻第2号、1994年（野口昌良稿）。
R. H. パーカー（R. H. Parker）／友岡賛、小林麻衣子（訳）『会計士の歴史』慶應義塾大学出版会、2006年。
齋藤真哉『現代の会計』放送大学教育振興会、2020年。
齋藤真哉「森田学説における原価主義会計」安藤英義、新田忠誓（編著）『森田哲彌学説の研究――一橋会計学の展開』中央経済社、2020年。
斎藤静樹「会計測定のシステムと名目勘定の役割」『會計』第198巻第2号、2020年。
阪本安一「費用配分の原則と費用収益対応の原則」『會計』第67巻第6号、1955年。
桜井久勝『財務会計講義（第22版）』中央経済社、2021年。
三邊金蔵「原価主義の教義性について」『企業会計』第6巻第2号、1954年。

三邊金蔵『会計学を索ねて』税務経理協会、1954 年。
佐野陽子「序」『三田商学研究』第 32 巻第 5 号、1989 年。
佐藤信彦「引当金・準備金会計制度研究の意義」佐藤信彦（編著）『引当金・準備金制度論——会計制度と税法の各国比較と主要論点の考察』中央経済社、2021 年。
白木俊彦「複式簿記と測定の原則」瀧田輝己（編著）『複式簿記——根本原則の研究』白桃書房、2007 年。
田口聡『教養の会計学——ゲーム理論と実験でデザインする』ミネルヴァ書房、2020 年。
髙田知実『保守主義会計——実態と経済的機能の実証分析』中央経済社、2021 年。
武部良明『漢字用法辞典』角川書店、1995 年。
谷端長「実在勘定」神戸大学会計学研究室（編）『会計学辞典（第 5 版）』同文舘出版、1997 年。
谷端長「名目勘定」神戸大学会計学研究室（編）『会計学辞典（第 5 版）』同文舘出版、1997 年。
徳前元信「複式簿記の基礎的考察——会計と簿記の関連性から」『會計』第 192 巻第 3 号、2017 年。
冨塚嘉一『会計認識論——科学哲学からのアプローチ』中央経済社、1997 年。
友岡賛「峯村さんと過ごした日々」『三田評論』第 949 号、1993 年。
友岡賛「三田の会計学、そのひとつの時代の終焉——會田義雄博士の長逝にあたって」『三田評論』第 973 号、1995 年。
友岡賛『歴史にふれる会計学』有斐閣、1996 年。
友岡賛「三田の会計学」『三色旗』第 586 号、1997 年。
友岡賛『株式会社とは何か』講談社現代新書、1998 年。
友岡賛『会計プロフェッションの発展』有斐閣、2005 年。
友岡賛『会計の時代だ——会計と会計士との歴史』ちくま新書、2006 年。
友岡賛（編）『会計学』慶應義塾大学出版会、2007 年。
友岡賛『会計学はこう考える』ちくま新書、2009 年。
友岡賛『会計学原理』税務経理協会、2012 年。
友岡賛『会計学の基本問題』慶應義塾大学出版会、2016 年。

友岡賛『会計と会計学のレーゾン・デートル』慶應義塾大学出版会、2018年。
友岡賛『会計の歴史（改訂版）』税務経理協会、2018年。
友岡賛『日本会計史』慶應義塾大学出版会、2018年
友岡賛『会計学の考え方』泉文堂、2018年。
友岡賛「会計と会計学のレーゾン・デートル」『企業会計』第71巻第1号、2019年。
友岡賛『会計学の地平』泉文堂、2019年。
友岡賛「会計ファームはプロフェッショナルに徹するべき」『Best Professional Firm 2020』プレジデント社、2020年。
友岡賛「「会計ルール弾力化」の不思議」『旬刊 経理情報』第1610号、2021年。
友岡賛『会計学の行く末』泉文堂、2021年。
友岡賛「福沢諭吉と複式簿記の伝播」『福澤諭吉年鑑』第48号、2021年12月。
友岡賛、福島千幸『アカウンティング・エッセンシャルズ』有斐閣、1996年。
友杉芳正「山桝先生の監査学説」『三田商学研究』第29巻特別号、1987年。
辻山栄子、関根愛子（シンポジスト）／友岡賛（コーディネーター）「研究者の立場と実務家の立場」慶應義塾大学会計研究室主催公開シンポジウム、2018年。
内川菊義『会計学方法論』森山書店、1989年。
植野郁太「損益会計」飯野利夫（責任編集）『体系近代会計学［第2巻］財務会計論』中央経済社、1985年。
宇治順一郎「経済学部 付商学部」慶應義塾（編）『慶應義塾百年史［別巻］大学編』慶應義塾、1962年。
浦崎直浩「企業業績の認識メカニズムの展開」河﨑照行（編著）『会計研究の挑戦——理論と制度における「知」の融合』中央経済社、2020年。
和田木松太郎『予算統制制度』泉文堂、1954年。
和田木松太郎『財務管理——理論とケース』泉文堂、1963年。
和田木松太郎（編）『会計用語集——日本語－インドネシア語－英語』和田木松太郎、1963年。

和田木松太郎『現代企業会計――理論とケース』泉文堂、1981年。
若杉明『会計学方法論』同文舘出版、1971年。
渡邉宏美『企業会計における評価差額の認識――純利益と包括利益の境界線』中央経済社、2021年。
渡邉泉『会計の歴史探訪――過去から未来へのメッセージ』同文舘出版、2014年。
渡邉泉『会計学者の責任――歴史からのメッセージ』森山書店、2019年。
渡邉泉『原点回帰の会計学――経済的格差の是正に向けて』同文舘出版、2020年。
渡邉泉「SDGsと資本主義下における会計学」『會計』第200巻第3号、2021年。
渡邉泉『世界をめぐる会計歴史紀行――新たな地平を求めて』税務経理協会、2021年。
Gregory B. Waymire and Sudipta Basu, *Accounting is an Evolved Economic Institution,* Now, 2008.
山田康裕「収益認識」野口昌良、清水泰洋、中村恒彦、本間正人、北浦貴士（編）『会計のヒストリー80』中央経済社、2020年。
山桝忠恕『アメリカ財務会計』中央経済社、1955年。
山桝忠恕『複式簿記原理（改訂版）』千倉書房、1976年。
山桝忠恕、嶌村剛雄『体系財務諸表論　理論篇（改訂版）』税務経理協会、1975年。
安平昭二「実在勘定」黒澤清（編集代表）『会計学辞典』東洋経済新報社、1982年。
安平昭二「名目勘定」黒澤清（編集代表）『会計学辞典』東洋経済新報社、1982年。

# 索　引

## さ行



## た行

## な行



## は行



## ま行



## や行



## ら行



## わ行

# 著者紹介

友岡 賛（ともおか すすむ）

慶應義塾大学卒業。
慶應義塾大学助手等を経て慶應義塾大学教授。
博士（慶應義塾大学）。

著書等（分担執筆書の類いは除く。）
『近代会計制度の成立』有斐閣、1995年
『アカウンティング・エッセンシャルズ』（共著）有斐閣、1996年
『歴史にふれる会計学』有斐閣、1996年
『株式会社とは何か』講談社現代新書、1998年
『会計学の基礎』（編）有斐閣、1998年
『会計破綻』（監訳）税務経理協会、2004年
『会計プロフェッションの発展』有斐閣、2005年
『会計士の歴史』（共訳）慶應義塾大学出版会、2006年
『会計の時代だ』ちくま新書、2006年
『「会計」ってなに？』税務経理協会、2007年
『なぜ「会計」本が売れているのか？』税務経理協会、2007年
『会計学』（編）慶應義塾大学出版会、2007年
『六本木ママの経済学』中経の文庫、2008年
『会計学はこう考える』ちくま新書、2009年
『会計士の誕生』税務経理協会、2010年
『就活生のための企業分析』（編）八千代出版、2012年
『ルカ・パチョーリの『スムマ』から福澤へ』（監修）慶應義塾図書館、2012年
『会計学原理』税務経理協会、2012年
『歴史に学ぶ会計の「なぜ？」』（訳）税務経理協会、2015年
『会計学の基本問題』慶應義塾大学出版会、2016年
『会計の歴史』税務経理協会、2016年（改訂版、2018年）
『会計と会計学のレーゾン・デートル』慶應義塾大学出版会、2018年
『日本会計史』慶應義塾大学出版会、2018年
『会計学の考え方』泉文堂、2018年
『会計学の地平』泉文堂、2019年
『会計学の行く末』泉文堂、2021年

会計学を索《たず》ねて
——基礎概念と存在理由

2022年11月5日　初版第1刷発行

著　者————友岡賛
発行者————依田俊之
発行所————慶應義塾大学出版会株式会社
〒108-8346　東京都港区三田2-19-30
TEL〔編集部〕03-3451-0931
〔営業部〕03-3451-3584〈ご注文〉
〔　〃　〕03-3451-6926
FAX〔営業部〕03-3451-3122
振替　00190-8-155497
https://www.keio-up.co.jp/
装　丁————後藤トシノブ
印刷・製本——株式会社加藤文明社
カバー印刷——株式会社太平印刷社


Printed in Japan　ISBN 978-4-7664-2849-0